Il aurait pu être bon élève...

André Agard-Maréchal

Il aurait pu être bon élève...

L'école et la norme

Albin Michel

À mon père.

« Si vous saviez, lorsque vous commencez à écrire un livre, ce que vous allez dire à la fin, croyez-vous que vous auriez le courage de l'écrire ? »

Michel Foucault, octobre 1982.

Tous les faits ici racontés, qui concernent des enfants en difficulté scolaire, familiale, sociale, sont authentiques ; les noms et lieux ont été modifiés afin de préserver l'anonymat des sujets, familles ou personnels de l'école. Seuls les liens étant fictifs, c'est quand même une fiction.

1.

César est un enfant de huit ans et dix mois.

Il a été « signalé » par son institutrice, au CE1 d'une école ordinaire. Cet élève est, d'après elle, en grande difficulté scolaire.

Je suis psychologue scolaire, je l'ai donc rencontré, conformément à l'usage. Avec l'accord de sa famille, j'ai pratiqué un examen psychologique, sous forme d'épreuves intellectuelles.

Il a « obtenu » lors de cet examen un excellent QI : 129.

César devrait être un excellent élève, un de ces sujets qui formeront plus tard l'élite républicaine que notre école sélectionne avec patience et rigueur tout au long du cursus, par de multiples obstacles, sous forme d'évaluations et d'examens, de concours, de carrefours d'orientation et de couloirs de bifurcation discrets, mais efficaces.

Il devrait être un excellent élève mais ne l'est pas, pas du tout.

Il n'écrit jamais rien, ou si peu que c'en est étonnant. Si on regarde ses cahiers, ils sont presque vides de travail scolaire, et pleins de gribouillis, de ratures, de taches.

L'institutrice s'arrache les cheveux, parce qu'elle ne peut pas l'« évaluer ». En ces temps où on évalue tout et n'importe quoi sans cesse, elle se sent mal.

– Vous vous rendez compte, m'a-t-elle dit, si M. l'Inspecteur me demande où en est cet élève, ce qu'il a acquis, je suis incapable de le lui dire !

Et on comprend son inquiétude, comme le fait qu'elle regardait César avec une certaine hostilité en me disant cela. En « conseil de cycle », réunion de fin d'année où les enseignants se déterminent pour les orientations et les passages de classe, elle avait peur des questions de ses collègues. Elle se demandait quel parti elle devait prendre : passer l'enfant à l'enseignant de la classe suivante, ou bien le garder. Les deux solutions sont aussi problématiques l'une que l'autre.

L'admettre au niveau supérieur, s'il n'a pas acquis le nécessaire pour suivre le programme, c'est l'envoyer à l'échec et mettre le collègue en difficulté. Sans compter les remarques désagréables que cet enseignant ne manquera pas de formuler contre la maîtresse incompétente de l'année précédente qui lui envoie des élèves nuls.

Le garder dans la même classe une seconde année, le faire redoubler comme on disait avant, est maintenant formellement déconseillé, à cause de la politique des cycles. Et puis, ce n'est pas bon pour les statistiques que les directeurs doivent fournir concernant les taux de redoublement dans l'école ; laquelle est après classée dans les bonnes ou mauvaises écoles, on ne sait pas bien comment.

C'est pourquoi elle m'avait appelé ; pour que je résolve son problème en prenant à sa place une décision d'orientation. Elle m'a dit :

– Vous qui êtes psychologue scolaire, vous devez savoir quoi faire.

L'institutrice me demandait de l'aide, pour

elle-même d'abord. Ce qui m'amène, une fois de plus, à poser la question : à quoi et à qui sert le psychologue de l'école ? J'avoue à ma grande honte que c'est une question pour laquelle je ne possède aucune réponse satisfaisante.

Me heurter à cette interrogation, j'en ai déjà fait l'expérience auparavant avec une inspectrice. Son explication m'avait laissé encore plus perplexe. Si je l'ai bien comprise, elle disait en substance : vous aidez l'enseignant dans sa classe, vous aiderez forcément l'élève en difficulté. Cela paraît tellement incontestable que je restai coi. Et puis, il est difficile de dire à un supérieur hiérarchique que l'enseignante qui signale un enfant ne veut pas forcément être aidée. Parfois elle veut seulement que l'institution reconnaisse la difficulté de son travail et entende sa plainte.

D'ailleurs certaines ne cessent de signaler des enfants, en ont toujours un de plus à signaler, signaleraient tous les élèves si on les laissait faire, viennent aux réunions dont l'objet est de parler des enfants en difficulté avec le cahier d'appel, bien décidées à passer en revue toute la classe. À les entendre signaler tout le monde, on finit forcément par penser que ce qu'elles signalent, c'est d'abord elles-mêmes et leur malaise professionnel.

D'autres ne veulent pas être aidées à enseigner cet enfant qui ne se laisse pas enseigner, mais attendent seulement qu'on les débarrasse du « cas ». Moi qui ai, dans l'exercice quotidien de ma profession, rencontré mille situations où se pose l'alternative d'aider ou bien l'enfant, ou bien l'adulte qui est en train de le maltraiter d'une façon plus ou moins discrète, plus ou moins habile, plus ou moins perverse ou consciente, j'étais resté sans voix devant l'affirmation de ma supérieure.

J'ai donc demandé à rencontrer César.

L'institutrice souhaitait vivement que je le fasse ; elle avait déjà pensé en détail ce que je devais trouver en examinant l'enfant.

Elle m'avait dressé la liste exhaustive de tout ce qu'il ne savait pas faire au plan scolaire, mais aussi de tout ce qui, dans son comportement, paraissait étrange. Elle avait noté, par exemple, que l'élève en question parlait souvent tout seul.

Elle avait écrit aussi, en bas de sa « fiche de signalement » : hyperactif. Je l'interrogeai alors sur ce qui justifiait ce terme. Elle avait regardé une émission de télé « très bien faite et très intéressante » sur les enfants hyperactifs. C'est nouveau, cela vient des États-Unis, je crois, j'en ai entendu parler, je n'ai pas étudié ça dans mon cursus universitaire, mais il est vrai qu'il date un peu maintenant. On devrait avoir des cours de recyclage fréquents.

Bref, selon cette enseignante, ces enfants « hyperactifs » présentent un certain nombre de symptômes précis – manque de concentration, nervosité incessante, agitation motrice –, et c'était le portrait craché de notre cas qu'elle avait vu à la télé.

En discutant, nous sommes tombés d'accord sur l'utilité indiscutable de ces émissions destinées au grand public ; je les regarde peu, quant à moi, mais j'ai tort, sans aucun doute. Ce qu'il faudrait des mois à étudier dans des livres hermétiques, des cours ennuyeux, des travaux dirigés dont l'horaire à vingt et une heures fait de vous un zombie étudiant, voilà une émission qui vous le donne en deux heures, et qui touche des millions de gens. C'est une des conquêtes admirables du progrès !... Oui, je sais, je manie assez mal l'ironie.

Dès le lendemain, l'enseignante avait rencontré la mère de l'enfant pour lui en parler. Il faut dire qu'à la télé ils avaient donné le nom du médicament magique qui soigne l'hyperactivité : la ritaline. Il y a un pédopsychiatre dans notre ville et un pédiatre qui soignent cette affection moderne ; ils ont même écrit aux directeurs de nos écoles pour qu'on leur adresse les cas. Je crois savoir qu'ils sont passés par l'intermédiaire de mères d'élèves qui ont contacté les enseignants directement.

Je trouve que c'est bien quand tous les spécialistes, les partenaires font converger leur action dans le souci d'améliorer le sort de nos enfants en difficulté. Mais n'y a-t-il pas quelque chose d'effrayant dans cette coopération spontanée ? C'est un peu comme si certains parents étaient prêts à collaborer dans le but d'évincer des « cas » qui gênent la scolarité de leur enfant... toujours « dans l'intérêt » de ces « cas », évidemment.

L'enseignante avait d'ailleurs donné le nom du pédiatre à la mère. Dans le meilleur des mondes possibles, imaginé et défini par la maîtresse, chacun était à sa place, la mise en scène posée, les personnages distribués.

Mais alors la question se posait de savoir quel rôle je venais jouer, moi, dans cette affaire. Comme je m'interrogeais à haute voix sur ce point, l'enseignante dit qu'elle ne comprenait pas. Je précisai : si l'enfant va consulter en ville, point n'est besoin que j'intervienne.

Ce n'était pas son avis ; elle attendait clairement de moi que j'examine l'enfant ; elle avait signalé ce cas et entendait bien que la procédure prévue par le règlement soit appliquée.

– Il n'est pas question qu'on me reproche un jour de ne pas l'avoir signalé.

Je remarquai que le règlement, effectivement, donnait impérativement ordre de signaler tout élève en difficulté ; mais que l'on pouvait considérer que c'était fait, puisque j'étais venu, qu'elle m'avait parlé, donné sa fiche de signalement et interpellé la famille.

– Oui, dit-elle, mais il faut que vous l'examiniez, pour dire que j'ai bien fait de le signaler, on ne sait jamais avec les parents qui contestent tout de nos jours ; et puis, ils n'iront peut-être pas voir le pédiatre que je leur ai indiqué. Si vous le leur dites, vous, le spécialiste, ça aura plus de poids. Et puis vous pourrez vérifier qu'ils sont bien allés en consultation, que quelque chose est bien fait pour aider ce cas.

Il me semble que cette enseignante montrait là un sens des responsabilités admirable ; elle avait bien pensé à tout, et chacun savait ce qu'il devait faire dans cette histoire, la mère, moi, le pédiatre aussi finalement qui n'avait plus qu'à entériner le diagnostic, indiscutable après cette émission de télé.

Au fond, elle signalait surtout pour ne pas se trouver en faute professionnelle, elle signalait pour signaler.

(Décidément, je ne m'y fais pas : il faudrait trouver d'autres termes que « signaler », « signalement » ; c'est pourtant par ce terme qu'on alerte l'institution dans toutes les écoles de la république ; au moins, c'est clair...)

Heureusement cependant que j'ai eu le réflexe de demander si l'enseignante avait pris la précaution de solliciter l'autorisation des parents pour que j'examine leur fils – c'est qu'elle avait oublié. Une omission pas bien grave au regard de ses grandes qualités professionnelles... J'ai précisé que le règlement imposait cette condition préalable.

L'enseignante a montré un certain étonnement, et même, m'a-t-il semblé, un peu d'agacement. D'après elle, les parents devaient comprendre qu'on travaillait tous pour le bien de leur enfant, et elle trouvait cette disposition du règlement proche d'une précaution inutile qui faisait perdre du temps.

C'est vrai qu'on a perdu du temps, puisque je n'ai rencontré l'enfant en question que quinze jours plus tard ; il semble que la mère ait mis un moment pour accepter cet examen. Je ne sais pas comment elle est parvenue à donner son accord.

Et moi, pendant ce temps, je ne me sentais pas très bien, pas « droit dans mes bottes » pour reprendre une expression bien connue. J'ai souvent l'impression que je passe mon temps à refuser de travailler, de faire comme on me dit, de dire comme je devrais dire, et que je ne cesse d'opposer des refus aux demandes de l'institution incarnée par des enseignants dévoués. Enfin...

Mais l'enseignante m'a précisé, en me donnant l'accord écrit des parents, signé de la mère seule d'ailleurs, que ça avait été difficile, car la mère voulait choisir le psychologue. L'institutrice lui a bien affirmé que le psychologue scolaire travaillait sur un secteur précis et qu'elle n'avait pas le choix.

Elle a ajouté, cette fois en jetant une pierre dans mon jardin, comme pour confirmer que sa position à elle était la seule juste, que les parents n'avaient toujours pas pris rendez-vous chez le pédiatre. Elle montrait un air satisfait en disant cela.

2.

J'ai lu et relu les textes officiels, et plus je lisais moins je comprenais.

Mieux, je ne sais toujours pas dire si cet enfant est normal, ou bien s'il s'écarte à tel point de la norme qu'il convient de lui apposer un diagnostic qui le ferait entrer dans un cadre prévu et justifierait ensuite qu'une commission de circonscription préscolaire et élémentaire[1]

---

1. Commission de circonscription préscolaire et élémentaire (CCPE) : réunie une fois par mois, présidée par l'inspecteur de la circonscription, elle est composée de membres titulaires nommés par le préfet sur proposition de l'inspecteur d'académie pour l'Éducation nationale et du directeur de la DASS pour les personnels de santé ; des représentants de parents d'élèves y siègent également, de droit. Elle examine sur dossier les « cas » d'enfants en difficulté scolaire « signalés » par

oriente cet élève vers une classe spécialisée, où il pourrait bénéficier d'un enseignement mieux adapté à ses caractéristiques si singulières. C'est ainsi que l'on présenterait aux parents la solution proposée par l'institution. On ne dirait pas « exclusion du système ordinaire », mais « modification temporaire du parcours » ; on ne dirait pas « classe spécialisée », mais « pédagogie personnalisée ».

M. l'Inspecteur d'académie adjoint chargé de l'Adaptation et de l'Éducation spéciales nous a tenu récemment des propos qui pourraient éclairer mon problème et m'apporter des solutions, si j'étais certain d'avoir bien compris.

Il nous a réunis, tous les psychologues de l'école, le mois dernier, en collaboration avec sa collègue Mme l'Inspectrice chargée de l'Adaptation et de l'Intégration scolaires pour le sud du département, afin de nous informer

---

les enseignants du premier degré. Les parents de l'enfant concerné sont obligatoirement invités et, si une décision d'orientation vers une classe ou un établissement spécialisé est préconisée, la décision d'accepter ou non leur revient.

des directives ministérielles toutes fraîches concernant la prise en charge des élèves dits « en difficulté ».

Il a insisté beaucoup sur le concept de « devenir ». Nous devions donner priorité dans nos examens psychologiques aux éléments psychiques qui, chez le sujet, se montraient les plus dynamiques et les plus positifs au plan cognitif, ceux qui favorisaient un bon pronostic du « devenir élève » de l'enfant en question.

Si j'ai bien compris donc, l'école serait une grande, bonne et grosse machine – si je puis me permettre cette comparaison triviale mais claire – dont l'objectif serait de produire des élèves « normés », c'est-à-dire selon une norme.

C'est un peu compliqué, mais il s'agirait d'une norme selon plusieurs axes : raisonnements et pensées normales, comportements sociaux normaux, rapport à l'autorité normal, mais aussi imaginaire normal, peut-être même, par voie de conséquence, sexualité normale... et j'en oublie. J'avoue que je n'ai pas tout noté.

Non, réflexion faite, il n'était pas question de la sexualité normale. C'est moi qui fais le lien avec ce que nous avait enseigné, quand j'étais apprenti instituteur, dans le cours de morale professionnelle, le directeur du centre de formation – tiens, mais justement ça s'appelait l'École normale... Il fallait épouser, nous avait-il dit en cours, une enseignante : pour avoir les mêmes vacances, et surtout programmer les rapports sexuels le samedi soir, car le lendemain on pouvait se reposer un peu !

Être normal. Une pensée normale, c'est par exemple une pensée de type mécaniste, de cause à effet. Tout effet possède sa cause ; et le monde est organisé, ordonné, classable et prévisible.

Donc, tout ça pour en venir à la conclusion : *devenir élève, c'est pour un enfant devenir normal.*

Notre travail, à nous psychologues de l'institution, serait d'évaluer si tel enfant en difficulté, signalé par un enseignant, s'écarte par trop de la « norme projetée en devenir », auquel cas on doit enclencher le processus d'exclusion du système des classes normales – je crois qu'il vaut mieux dire « ordinaires » –

pour lui trouver une place dans une CLIS [1], classe spécialisée intégrée dans l'école, si la classe existe, c'est ce qu'on appelle un processus d'orientation.

Donc les enfants sont séparés par une ligne blanche : d'un côté les enfants en difficulté, de l'autre les handicapés. Les handicapés vont dans des CLIS. Les *très* handicapés relèvent des établissements du ministère de la Santé. D'un côté les élèves qui relèvent de la notion « soft » d'adaptation, de l'autre ceux qui relèvent de la notion « hard » d'intégration.

Jusqu'à ce jour, je crois que je n'avais pas compris. Dans mon esprit, l'intégration et l'adaptation concernaient un enfant, n'importe lequel, dans son devenir élève, et elles marquaient la dynamique complexe et singulière de ce devenir.

---

1. Classe d'intégration scolaire (CLIS) : classe spécialisée à faible effectif recevant des élèves en sérieuse difficulté scolaire ou des enfants reconnus handicapés physiques, sensoriels ou mentaux. La notion de handicap, même léger, préside à la mise en place de ces classes.

Mais non, heureusement que nous avons été recadrés si clairement : elles sont deux axes séparés et complémentaires de l'action institutionnelle.

Si le handicap est grave, mais encore plus, on envisage donc un établissement spécialisé relevant du ministère de la Santé – s'il y en a un dans le coin et s'il a de la place ; les listes d'attente sont longues. Remarquez c'est bien, ça permet aux établissements de mieux choisir les cas qui leur conviennent. On dit que le cas « entre dans le projet médico-éducatif de l'établissement » ; quand ils n'en veulent pas, ils disent que le cas « n'entre pas dans le projet, etc. ».

Pour certains enfants, c'est difficile d'entrer dans un projet d'établissement. Pour citer un exemple, je connais un cas d'enfant autiste très perturbé, très perturbateur aussi, qui hurle les trois quarts de la journée, et qui n'entre pas dans le projet, etc., de cinq établissements qui l'ont refusé l'un après l'autre ; il est chez lui, et sa mère est devenue alcoolique ; mais c'est vrai que certains spécialistes disent qu'elle l'était avant et que c'est pour ça que l'enfant est autiste.

Le père veut le mettre dans une école ordinaire, car c'est la loi. Il a raison. Mais alors l'institutrice qui se bat avec vingt-sept enfants dans sa classe, comment va-t-elle s'y prendre ? Elle ne peut pas dire, elle, que cet enfant n'entre pas dans son projet, etc.

Quoique maintenant on voie des classes pour enfants handicapés intégrées dans les écoles ordinaires ; l'enfant autiste pourrait donc y être placé. On ne sait plus, étant donné la quantité de spécialistes qui gravitent autour de ces enfants, si c'est le ministère de l'Éducation nationale ou celui de la Santé qui garde ces moutons-là. Les parents des enfants non plus ne savent pas, ni qui fait quoi et pourquoi et comment, les spécialistes non plus qui se marchent sur les pieds et rivalisent dans des conflits de pouvoirs et de savoirs – c'est d'ailleurs la même chose. Mais on s'en occupe, ils vont à l'école comme les autres, et c'est quand même le principal... Non ? Il paraît que ça coûte nettement moins cher à l'État que de continuer à les placer dans les établissements. Doit-on croire une chose pareille ?

Mais revenons à nos moutons à nous, les enfants « en difficulté », mais pas « handicapés ». Du bon côté de la ligne blanche, en quelque sorte.

Auparavant, je ferai remarquer qu'on en vient à se dire qu'il est préférable de se trouver face à un enfant handicapé, c'est plus facile à identifier, puisque, après tout, nous les psychologues sommes là pour donner une identité – ça s'appelle un diagnostic – aux enfants qui posent un problème.

Un handicap, au moins ça se voit, c'est indiscutable, objectif, simple ; ça se mesure même (1/10e aux deux yeux, 80 % de perte auditive...) et ça s'évalue aux fins d'attribuer une allocation. En ces temps de chômage, ce n'est pas négligeable.

Vous me direz : et le handicap mental ?

Mme l'Inspectrice chargée de l'Adaptation et de l'Intégration scolaires a été claire, directe, formelle : en dessous de 70 de quotient intellectuel, on parle de handicap.

Moi, je suis content lorsque la ligne blanche est claire et visible ; mais quelqu'un a fait remarquer qu'une directive académique avait récemment demandé le recensement des cas signalés avec plus de 130 de QI, probablement dans le but de voir si des classes spéciales pour surdoués devaient être créées.

On sait la pression qu'exercent sur nos institutions les associations de familles d'enfants intellectuellement précoces. C'est la même que les familles d'enfants handicapés avaient exercée en leur temps pour la création de classes spécialisées, les CLIS. Question : devait-on ranger les cas de 130 de l'autre côté d'une autre ligne blanche ? On n'a pas eu de réponse claire, on doit y réfléchir. Il y aura une autre réunion à ce sujet.

Or César frôle cette limite puisqu'il obtient, je l'ai dit, 129.

C'est vrai que ce n'est pas facile de donner des repères aux gens. Quelqu'un d'autre a soulevé la question de la simplification abusive que représente, face à un problème si complexe que celui du « handicap » mental, le fait de se repérer à un seul critère, de plus aussi contestable que le QI. Mais le brouhaha que son intervention a provoqué nous a empêchés d'entendre la réponse de notre chef.

En tout cas, pour ceux qui, comme nous les psychologues institutionnels, ont à remplir du mieux qu'ils peuvent une fonction de police, c'est indispensable. Le mot « police » peut choquer, mais c'est quand même bien ça, au vrai sens du mot : le bon ordre de la cité, on est là pour ça d'abord.

Et puis, qui donne une identité aux individus dans notre institution, dans toutes les institutions de l'État : Justice, Santé, Éducation ? Les psychologues. On pourrait nous fournir une sorte d'uniforme, pas une blouse blanche comme les soignants, mais bleu marine, par exemple. Mais je m'égare...

Donc j'aurais dû évaluer l'« écart à la normale en devenir » pour ce sujet particulier. Mais je n'y parviens pas. C'est aussi que cette notion de « norme » me pose quantité de questions. Voilà bien un de ces mots qui paraissent simples, aisés à saisir, et qui, quand on les ouvre pour voir ce qu'ils contiennent, comme des poupées russes, font surgir des questions cachées.

D'abord, la norme, c'est la moyenne. C'est bien ainsi que l'école l'entend. La moyenne, c'est un QI de 100, par exemple. D'ailleurs le QI est élaboré autour de cette notion mathématique de moyenne majoritaire. Moyenne dont il est bon de ne pas trop s'écarter. Cela dit, la « moyenne » évolue avec les époques, les contextes sociaux. Mais il est clair que notre institution ne sait pas très bien comment prendre en compte ceux qui en sont trop éloignés ; du côté de la « déficience » intellectuelle, comme du côté de la trop grande efficacité, ils posent problème. Einstein serait aussi peu à sa place que l'idiot du village. Heureusement ceux qui s'éloignent de la moyenne majoritaire sont, par définition, beaucoup moins nombreux ; et plus ils s'en éloignent, moins ils sont nombreux. C'est rassurant.

Au sein de l'école, on regarde les « déficients » avec pitié, les « surdoués » avec méfiance : ce n'est, dans les deux cas, « pas normal ». C'est ce qu'on entend souvent – surdoué, ça cache quelque chose – et on a préféré changer leur nom : ils sont devenus « intellectuellement précoces » ; ça fait plus « normal ». Oui, mais là « normal » renvoie, *a contrario,* à « pathologique », lequel n'est pas l'opposé de « moyen » ; la moyenne n'a rien à voir avec la santé : il y a glissement et confusion. Ça devient très compliqué. Ces deux notions, santé ou pathologie mentales, ont été profondément remaniées, triturées, transformées depuis un siècle, en matière de psychisme.

Qu'est-ce que la santé mentale ? Disons, vous en conviendrez, que l'homme normal est celui qui est adapté à son groupe social, à son environnement, à son milieu. Du coup, on peut retourner la proposition : c'est le milieu qui dit « qui est normal » ; c'est donc aussi le milieu qui dit « qui ne l'est pas » et se trouve exclu. Exclure, même avec des mots, est lourd de conséquences. De ce point de vue, l'école est souveraine : elle définit le champ de savoirs comme une réalité incontournable ; elle dit que le normal est celui qui s'y adapte et que l'anormal est celui qui ne s'y adapte pas. Elle ne met pas en question ses définitions, ni du savoir ni des méthodes qu'elle emploie pour qu'il soit acquis. C'est quand même effrayant, quand on y pense, vous ne trouvez pas ? Mais nous y reviendrons.

Le handicapé mental est-il un malade ? Cette notion de handicap a changé de sens en quelques années en fonction de la société, du milieu, des ressources. On en connaît plusieurs définitions, toutes aussi savantes et précises les unes que les autres.

Ainsi, François Bloch-Lainé en 1967 énonce une définition du handicap : « Sont *inadaptés à la société*[1] les enfants, les adolescents et les adultes qui... éprouvent des difficultés plus ou moins grandes *à être et à agir comme les autres.* » Puis c'est René Lenoir, en 1974, qui écrit : « Est *handicapée* toute personne qui, en raison de son *incapacité* physique ou mentale, de son *comportement psychologique* ou de son *absence de formation*, est incapable de pourvoir à ses besoins ou exige des soins constants, ou encore se trouve ségréguée, soit de son propre

1. C'est moi qui souligne. « Étude du problème général de l'inadaptation des personnes handicapées », rapport de François Bloch-Lainé IGN/IGAS, 1967.

fait, soit de celui de la collectivité[1]. » Et enfin, Aimé Labrégère qui, sept ans plus tard, étend encore plus : « Est handicapée toute personne qui *se perçoit ou est perçue* frustrée, pénalisée en raison des *différences significatives* qu'elle présente *par rapport à celles qui l'entourent*[2]. » Je me demande si cette dernière définition n'ouvre pas la porte à ce qui se définirait comme un « handicap racial » ? Il faut aussi remarquer que la grande loi de 1975 qui oriente pour longtemps la politique nationale sur la question du handicap est, fait unique dans l'histoire de la législation, une loi qui ne définit pas le handicap.

Le handicap relève du social. Toujours. Or c'est, pour la plupart des gens, une notion médicale. Dans tous les cas, je suis amené à cette idée terrifiante : l'école se trouve dans des confusions permanentes concernant ces notions, du fait de la faiblesse conceptuelle des lois et règlements

1. René Lenoir, *Les exclus, un Français sur dix*, Le Seuil, 1974.

2. Aimé Labrégère, « Les personnes handicapées », étude-rapport, La Documentation française, 1981.

qui la régissent. C'est ce glissement incessant des notions de moyenne à celle de normalité, puis à celle de pathologie, enfin à celle de handicap, qui dépendent les unes d'un regard du groupe social, les autres du regard médical psychiatrique, qui me paraissent profondément perturber nos réflexions – et je passe sur les anciennes notions, toujours vivantes, d'invalidité, d'assistance, de réparation et de déficience.

Et Freud qui vient mettre son « grain de sel » ! Le normal et le pathologique en psychologie ne seraient pas séparés nettement : pas de ligne blanche ! Si cette ligne n'existe pas entre les individus, il va plus loin : un même individu pourrait se montrer normal ou malade mental suivant les situations, les circonstances, les âges de sa vie. Finalement on comprend que l'institution se dote de « policiers » : il faut mettre de l'ordre. Un uniforme bleu marine pour les psychologues et blanc pour les médecins n'est peut-être pas une si mauvaise idée ?

À moins d'imaginer que l'institution cherche dans le crédit accordé au discours médical ou psychologique de quoi justifier une mesure sociale d'exclusion ? Pardon, c'est plus fort que moi ; j'aurais dû écrire : d'orientation. C'est-à-dire que, de ce point de vue, on découvrirait que c'est l'école qui crée le handicap, et qu'elle le justifie par un discours savant ? Incroyable.

3.

Il n'est pas simple de faire appliquer le règlement.

Récemment, j'ai reçu l'ordre d'aller observer le petit Mouloud, au CE2 à huit ans, qui nous pose des problèmes de comportement et de conduite depuis la rentrée à l'école Pasteur, afin de donner un avis institutionnel sur son éventuelle orientation dans un établissement spécialisé avec internat. C'est une affaire délicate puisque les parents de Mouloud se sont opposés à ce que j'examine l'enfant, malgré l'insistance du directeur de l'école, Monsieur G.

Je me vois mal observer l'enfant en classe en passant inaperçu. Il est si peu fréquent que deux adultes se trouvent en même temps dans la classe qu'il est à peu près sûr que l'enfant parlera de ma présence à ses parents comme d'un petit événement dans son quotidien : il y a un monsieur qui est venu, dira-t-il, et ses parents, méfiants, demanderont obligatoirement qui c'est. Le directeur me suggère de venir l'observer en cour de récréation. C'est sans doute plus facile à mettre en œuvre, mais je ne perçois pas bien ce que je dois observer si l'enfant court, joue dans une cour de récréation.

Et puis se pose la question de définir exactement les « troubles du comportement et de la conduite ». Je sais bien qu'il existe des établissements spécialisés qui accueillent ces enfants particuliers, ceux qui n'entrent pas aisément dans un cadre éducatif et qui ont une fâcheuse tendance à chercher sans cesse les limites des adultes et des règles qu'ils imposent. Mais j'aurais souhaité être mieux armé au plan théorique pour cette observation, si discrète soit-elle.

Tout ce que j'ai trouvé dans les textes officiels concernant ce sujet, c'est dans l'arrêté provenant du secrétariat permanent des nomenclatures du ministère, qui date du 9 janvier 1989. Cet arrêté ministériel cerne les déficiences, incapacités et désavantages, traduction française du terme

« handicap ». Au paragraphe III qui définit les déficiences, causes des désavantages, après avoir abordé les déficiences intellectuelles, l'alinéa 2 décrit les « autres atteintes du psychisme » comme les troubles de la conscience, de la perception, de l'attention ; au point 2.5., on découvre enfin les « troubles du comportement » : « comprend les autres atteintes du psychisme qui n'ont pu être classées dans les rubriques précédentes ». Cela m'a laissé perplexe.

Pour finir avec ce cas-là, il faut que je mentionne un fait : je suis allé quand même dans l'école Pasteur récemment, pour y examiner un autre enfant. Je suis arrivé à l'heure de l'ouverture de l'école, et par hasard en même temps que le jeune Mouloud en question.

Monsieur G. était là aussi pour accueillir les enfants, avec la conscience professionnelle qu'on lui connaît ; il avait un sourire, un petit mot pour chacun. Occupé à parler à une maman, il ne m'a pas vu arriver, si bien que j'ai été témoin de la façon dont il a « cadré » tout de suite Mouloud, dès que le jeune garçon a franchi le seuil de l'école : « Et alors, toi, tu nous prépares quoi encore pour aujourd'hui ? »

En m'apercevant, il a ajouté à mon adresse : « Celui-là, il faut le tenir serré dès l'arrivée du matin et lui montrer qu'on le surveille. »

J'ai bien sûr approuvé, comme quelques mamans qui étaient là, et qui manifestement attendaient cette attitude sévère d'un directeur responsable. Il paraît d'ailleurs que les parents des autres enfants se plaignent et ont envisagé d'aller en délégation à l'inspection académique pour demander l'orientation de Mouloud dans une autre école. C'est Monsieur G. lui-même qui m'en a informé. Il connaît très bien la plupart des familles et semble apprécié de tous ; de fait, j'ai entendu une maman dire : « Je ne comprends pas qu'on laisse ces enfants-là avec les autres, il devrait exister des centres, quand même ! » Mais je n'ai pas commenté cette affirmation, dite à haute voix et dans ma direction, j'étais pressé.

La situation me paraît urgente, car le petit frère de Mouloud, qui se prénomme Karim et se trouve scolarisé à l'école maternelle voisine en moyenne section – il a donc quatre, cinq ans –, va faire lui aussi l'objet d'un signalement. Monsieur G. m'a invité à me rendre dans cette école pendant que j'étais dans leurs murs, pour rencontrer l'institutrice des moyens. Il m'a précisé que Karim avait eu des gestes déplacés envers une petite fille de sa classe pendant le passage aux toilettes, et que les parents de la fillette allaient porter plainte pour attouchements sexuels, « ou pire », je cite. On dit que le jeune Karim a mimé l'acte sexuel (par-derrière) et que la fillette est traumatisée.

Monsieur G. pense que la famille de ces deux garçons pose problème et que les parents sont incapables d'éduquer correctement leurs enfants. Ils arrivent d'Algérie depuis peu, et on ne sait pas « si leur situation en France est irrégulière ». Mais Monsieur G. connaît bien ces gens-là, c'est lui qui le dit : il est né là-bas, et par pure coïncidence dans la même ville que celle dont ils viennent. Bon, bien sûr, il a quitté ce pays il y a longtemps, à une époque où les parents de Mouloud et Karim n'étaient pas nés probablement.

Mais je me suis encore égaré, et il faut que je revienne à mon cas, le petit César, qui a un QI de 129, et dont je ne sais quoi penser. Donc j'ai enfin obtenu l'accord de la mère. Pour ce qui concerne le père, on ignore son avis. Il n'est même pas mentionné sur la fiche de renseignements sociaux remplie par la mère, qui n'a indiqué que son nom à elle, son nom de jeune fille, et son numéro de téléphone.

Mais il existe, le père, je veux dire sur la fiche de renseignements, puisque le numéro de sécurité sociale commence par 1 ; et puis on sait qu'il est bien là, je veux dire à la maison, qu'il travaille peu car il joue aux boules ; ce serait même une sorte de « professionnel » de la pétanque ; il voyage beaucoup.

C'est pour toutes ces raisons, la résistance de la mère, la défaillance du père, que j'ai demandé à rencontrer la mère d'abord, avant tout, avant d'examiner l'enfant, à la surprise de l'institutrice. Cette enseignante ne m'a pas semblé loin de manifester son désaccord quant à ma stratégie. Je pense que c'est une bonne méthode dans certains cas difficiles, car on n'est jamais trop prudent : je voulais savoir où je mettais les pieds.

L'enseignante m'a signifié que cette mère lui paraissait « tout à fait bien ». Si toutes les mères s'occupaient de leur enfant comme elle, les enseignants auraient moins de problèmes, affirmait-elle. Voilà une femme qui accompagne son fils jusqu'à la porte de l'école chaque matin et vient le chercher chaque midi pour le ramener tous les jours à 13 h 30 et venir le rechercher sans faute à 16 h 30 ; une mère qui n'omet jamais de s'informer sur le déroulement de la journée, le comportement de son fils et les devoirs à faire le soir pour le lendemain.

Oui, j'ai écrit « devoirs », je sais qu'ils sont interdits en école élémentaire, mais ils existent, et si un enseignant essaie d'appliquer le règlement, ce sont les parents qui protestent, les mamans surtout, qui veulent absolument contrôler, on les comprend, le travail de leur enfant. Et parmi les mamans, surtout celles qui ne travaillent pas, je veux dire en dehors de leur ménage, et qui restent à la maison, parfois en se sacrifiant, elles le disent, pour élever les enfants. C'est alors logique : elles ne comprendraient pas qu'on ne donne pas de devoirs écrits à leur enfant ; certaines vont parfois jusqu'à reprendre les leçons de la journée avec leur fils ou leur fille, et quand elles en ont deux ou trois, c'est une véritable petite classe qui s'organise dans le salon le soir, avant que papa rentre du travail.

Toutefois, il faut remarquer que les meilleurs élèves ne sont pas ceux dont la mère ne travaille pas ; ce sont souvent même les plus en difficulté dont la mère reste à la maison. Peut-être pourrions-nous un jour nous arrêter sur ce point curieux et lui accorder une certaine attention ? Bien sûr, les mères qui ne travaillent pas sont souvent aujourd'hui de « milieu défavorisé ».

J'ai assisté récemment à une petite scène qui m'a paru résumer bien des questions qui se posent depuis quelques années sur l'éducation des enfants.

Une maman (qui ne travaille pas hors de chez elle) et l'institutrice de son fils, en CE2, sont en train de bavarder ; elles semblent s'accorder sur le faible niveau de l'enfant en français, plus précisément en orthographe et grammaire. Il ne lit pas assez, elles en sont certaines. Il est nécessaire de lui imposer des dictées régulières, bi- ou même tri-hebdomadaires au moins.

– Pas plus tard qu'hier, dit l'enseignante, *il m'a fait* douze fautes à la dictée.

– Eh bien vous avez de la chance, s'exclame la mère, *à moi, il m'en fait* quinze régulièrement !

Le garçon, objet de cet entretien, l'air buté, assiste à cet échange qui lui passe au-dessus de la tête, en regardant alternativement les deux femmes comme s'il assistait à un match de tennis, dont son comportement en orthographe serait la balle. Vous comprenez, quand on apprend en priorité dans le but d'éviter de toucher au narcissisme des adultes, ça devient très compliqué : est-ce qu'il s'agit vraiment de faire des fautes à sa mère ou à l'enseignante ?

Les pères ont déserté le champ éducatif ; les enseignants de l'école sont des femmes, mères de famille pour la plupart, car les hommes ont quitté ce cadre-là aussi. Les enfants passent des mains de leur mère à celles de leur institutrice. Vous pouvez remplacer « mains » par exigences, attentes, désirs... ou d'autres termes plus aliénants.

La fréquence à laquelle j'assiste maintenant à la cérémonie des bisous du matin donnés à la maîtresse pour lui dire bonjour, ou de celle du soir pour lui dire à demain, me donne à penser qu'il peut exister une sérieuse confusion dans l'esprit des enfants sur les raisons et les objectifs des apprentissages.

Il est d'ailleurs clair pour certains, qui passent le soir un très long moment avec maman sur les devoirs, qu'il existe une alternative : ou bien apprendre selon les modalités, les exigences et les repères donnés par maman, ou bien selon ceux de la maîtresse. Le conflit, dans la cervelle de l'enfant, est manifeste.

Les pères quant à eux sont défaillants ; papa n'est pas là, papa travaille, il est parti, il ne peut pas venir. C'est maintenant parfaitement banal. Parfois, si le psychologue de l'école lutte avec ténacité, il parvient à rencontrer ce père ; et là, surprise : cet homme n'est pas indifférent à l'affaire.

Notre société a laissé l'éducation des enfants aux femmes, c'est pourquoi mes remarques semblent les viser ici en premier lieu. Certaines mères se plaignent des responsabilités que cela leur impose ; mais beaucoup ne lâchent pas prise aisément pour autant.

L'enfant reste leur objet. Bien des enfants sont captés actuellement dans une succession de relations duelles dont tout tiers est exclu ; et même, lorsque le papa s'en mêle, il arrive que ce soit en rivalité avec maman : c'est à qui s'occupera le mieux de l'enfant. Ce dernier doit s'organiser, non dans une triangulation structurante, mais dans deux relations duelles parallèles, rivales, et plus aliénantes l'une que l'autre.

Il m'est arrivé d'être interrogé par deux puéricultrices d'une crèche, qui s'étonnaient d'assister trop fréquemment à des querelles entre jeunes parents, pris dans un conflit répété dont le sujet tournait autour des meilleurs soins à apporter à l'enfant. Les deux professionnelles se demandaient comment aider ces couples sans gêner le père dans sa fonction. Car elles étaient formelles : c'est bien que le père s'occupe du jeune enfant. Moi aussi, je trouve que c'est bien ; mais il me semblait évident à moi que ce père était une autre mère, et pas dans la fonction paternelle.

Dans cet ordre d'idées, voici une étonnante et dramatique situation que j'ai rencontrée récemment, et qui m'a laissé totalement démuni.

Une enseignante du CE1 de l'école Jules-Verne, connue pour son sérieux, ses exigences et son attention aux enfants, a convoqué une maman pour parler de sa fille, une enfant de niveau moyen/bon qui rencontrait de sérieuses difficultés avec la soustraction à retenue. L'enseignante, peut-être un peu pressée ce soir-là, a expliqué à cette mère l'importance des devoirs, et qu'il fallait que la fillette fasse des opérations, surtout des soustractions au minimum un quart d'heure chaque soir.

La mère, qui vit seule avec sa fille, a hoché la tête et promis. Un mois plus tard, l'institutrice m'a demandé de passer la voir pour parler de cette affaire. Elle ne comprenait pas : la fillette devenait souillon, grossière en classe, et perdait pied au plan des acquis scolaires.

C'est quand j'ai demandé son nom que j'ai soupçonné la vérité ; j'ai invité la mère, je la connaissais. En effet, elle avait suivi les directives de l'enseignante, et la fillette travaillait le calcul chaque soir. Une heure, une heure et demie d'opérations, additions et soustractions, à quoi la mère avait ajouté la multiplication et ses tables et un peu de divisions, pour qu'elle prenne de l'avance. Mais comme les résultats ne suivaient pas, elle avait retiré l'enfant des centres de loisirs du mercredi pour lui donner ce jour-là aussi du travail.

J'étais assez perplexe.

Je savais que la mère passait régulièrement quelque temps en hôpital psychiatrique, car elle souffrait de schizophrénie, et surtout j'étais certain qu'elle ne savait pas compter.

J'imaginais les séances d'opérations le soir durant une heure et demie, avec une fillette qui devenait folle de rage devant une mère qui ne savait pas compter, et j'avoue que, connaissant le caractère rigide, têtu, pathologique de cette mère, je ne savais plus quoi dire.

4.

La maman de César est venue à mon invitation. Elle était fleuriste.

Elle était vêtue avec élégance, tailleur gris perle, chemisier blanc, parfum. J'en fus surpris, jusqu'à ce que je saisisse qu'elle attendait de moi quelque chose de précis. Elle semblait pouvoir discourir sur son fils, ses qualités, ses caractéristiques, à l'infini.

Bien avant qu'il naisse, lorsqu'elle était « enceinte de lui » (je ne sais pas pourquoi j'ai entendu cette phrase de travers, comme si l'enfant était son propre père, je veux dire qu'il avait lui-même mis sa mère enceinte pour naître au monde), elle savait déjà qu'il serait un « être exceptionnel ».

Plus que précoce, ce garçon parlait selon elle à six mois et marchait à sept. Bébé, il comprenait tout, elle le voyait dans son regard. Bref, nous avions là un authentique surdoué, un futur génie, et l'institutrice mais aussi les autres enseignants l'ignoraient. Il possédait des dons. Par exemple, il se montrait capable de dire à sa mère où elle était allée dans la journée, qui elle avait rencontré, alors même qu'il se trouvait à l'école et n'en était pas sorti.

Je lui dis qu'en somme, c'était comme si elle et son fils ne se quittaient jamais par la pensée. Son visage s'éclaira soudain et, après un long silence où elle garda ses yeux plongés dans les miens, elle me déclara :

– Je vois que nous nous comprenons, vous et moi.

Elle ajouta que jamais elle n'aurait accepté de consulter un de ces psychiatres qui n'y entendent rien, encore moins de prendre rendez-vous chez un médecin pédiatre ou dans un centre médico-psychologique.

– Tous des nuls.

Alors elle me fit une confidence : sur le ton du plus grand secret, après avoir vérifié que la porte de mon bureau était bien fermée, en chuchotant, elle me confia qu'elle-même était

« extra-lucide ». Elle apposait ses mains sur le corps des autres, et cela lui permettait de connaître l'état de santé des gens qu'elle rencontrait. On venait la consulter en cachette des médecins. Pour elle-même et sa famille, elle ne « sentait » jamais rien. Elle ne voulait pas utiliser ce don pour « faire de l'argent », mais plus le temps passait, plus elle avait de ces visions soudaines et précises, claires et parfois angoissantes. Et elle pensait que son fils hériterait de ce don.

– Ou alors il deviendra religieux, ajouta-t-elle d'un ton redevenu normal, il a la passion des églises et des temples ; dès qu'il en voit un il veut entrer à l'intérieur.

Il collectionnait les icônes religieuses, et surtout les images de sainte Thérèse ; il affirmait chaque fois une ressemblance entre cette sainte et sa mère. Bien sûr cette dame était ravie en me confiant cela, avec une sorte de sourire que je qualifierais d'extatique. Comme je l'interrogeais sur ce comportement étrange noté par l'institutrice, ces soliloques fréquents, elle affirma aussitôt qu'il parlait à ses petits lutins. Je me montrai étonné.

– Oui, dit-elle, amusée, il a des petits lutins, des copains imaginaires avec lesquels il joue dans sa chambre, je l'entends leur parler, et le matin ils montent dans son cartable et vont à l'école avec lui. C'est à eux qu'il parle toute la journée. Il possède une imagination d'artiste, d'écrivain, de créateur, vous savez, il a son petit monde à lui. Je n'ose penser à ce qu'il peut devenir quand il sera adulte : je crois qu'il n'a pas de limites.

À propos de limites, je demandai à rencontrer le père de César.

– Laissez tomber, dit-elle, il ne s'en occupe pas, c'est moi qui fais tout.

Je l'interrogeai donc : il semblait à travers ses propos qu'elle ne rencontrait aucun sujet d'inquiétude.

– Si quand même, comme toutes les mères, mon fils ne dort pas assez.

Il était insomniaque et souvent la nuit il venait la rejoindre dans son lit parce qu'il ne parvenait pas à dormir. Et papa ? Papa, le plus souvent, était en voyage.

– Mais vous verrez vous-même quand vous

rencontrerez mon César, c'est un enfant exceptionnel.

J'avais donc son autorisation. J'avoue ma curiosité après cet entretien ; j'aurais été frustré, je crois, qu'elle me refuse cette rencontre.

César s'est présenté effectivement de façon singulière : c'est sa tenue vestimentaire qui attirait le regard.

Dans un environnement où tous les enfants étaient vêtus de la même façon, survêtements à marques américaines, chaussures de sport, sweats, casquettes à visière, son pantalon en velours à grosses côtes vert bouteille, son petit pull vert à col en V ouvrant sur une chemise à carreaux Vichy fermée par un nœud papillon le faisaient remarquer immédiatement ; ainsi que sa coiffure bien ordonnée par une raie impeccable sur le côté qui séparait d'une droite rectiligne des cheveux trop longs. Petit, maigre, chétif, il présentait un pâle visage aux grands yeux sombres cernés et anxieux.

L'entretien clinique et l'examen psychologique se déroulèrent sans incident notoire. Quelques détails de son comportement, cependant, me rendirent un peu pensif.

Ma formation de psychologue clinicien et mon expérience en tant que praticien m'ont donné une méthode de travail ; mais je sais aussi que l'attention qu'un psychologue porte aux détails révèle la qualité de son approche. Repérer les détails qu'un autre ne verrait pas et les intégrer dans une démarche analytique ; puis trouver ce qui les lie aux autres éléments cliniques plus évidents, plus conformes aux modèles théoriques ou psychopathologiques ; surtout ne pas les laisser de côté en les pensant négligeables : c'est là le plus important. Mais il faut les intégrer dans une démarche cohérente.

César subissait l'examen avec docilité et réussissait assez bien l'ensemble des épreuves, avec des échecs et des réussites qui semblaient entrer dans les « variations de la normale ». Mais il était pris de ricanements étranges par moments que je ne savais interpréter ; qu'est-ce qui le faisait rire ? Je n'aurais su dire. Il répondait correctement puis ricanait brusquement, comme pour lui-même, ou comme s'il signifiait ainsi que toute notre activité n'était pas si sérieuse ni si importante ou, mieux encore, que l'essentiel se trouvait ailleurs. Mais peut-être était-ce moi qui pensais tout cela, et qui prenais appui sur ces ricanements pour discréditer ma propre activité de psychologue.

À deux reprises, il prononça la même formule : « Ils sont tous pareils, tous pareils », avec un regard bizarre, « allumé ».

La première fois, alors que je lui demandais ce que ferait l'eau de deux bocaux identiques et remplis de la même quantité si je plongeais dedans deux boules de même volume mais de poids différents – ce qu'il devait se représenter sans agir alors qu'il avait les bocaux et les boules sous les yeux –, il ne répondit pas à ma question mais dit :

– L'eau, c'est des gouttes, plein de gouttes collées...

Et il planta son regard allumé dans le mien pour ajouter :

– Et elles sont toutes pareilles, toutes pareilles...

Puis il ricana.

La seconde fois, alors que j'alignais devant lui des jetons de toutes les couleurs mais de même taille et de même forme ronde, il les mit en rang sans attendre ma consigne et il dit :

– Les jetons ils sont... (nouveau regard vif, droit dans mes yeux) tous pareils, tous pareils...

Mais cette fois il resta parfaitement sérieux et prit même un visage long, inexpressif, comme s'il était ailleurs.

À mesure que l'examen se déroulait, sa face et la paume de ses mains devenaient humides de sueur, alors que la température dans le bureau était plutôt fraîche ; il devait donc dépenser une énergie excessive, sans rapport avec les difficultés des épreuves, et peut-être lutter contre l'angoisse. Il crut bon de commenter maintes bonnes réponses par un « C'est maman qui me l'a dit » qui me fit penser un moment que, même si elle était physiquement absente, cette mère parvenait à rester présente en toutes circonstances.

Puis les épreuves furent toutes passées. L'examen était terminé.

César se laissa aller contre le dossier de sa chaise, et moi aussi. Nous nous regardions en silence. Il se détendit. Mentalement je reconstituais l'examen ; ses résultats devaient être excellents ; il me faudrait vérifier sur les tableaux de notes standards, mais rien dans l'examen de son appareil cognitif n'expliquait l'échec scolaire ; c'était même un sujet brillant.

Il rompit le silence.

– Moi, je collectionne les images de sainte Thérèse.

– Oui, je sais, dis-je, ta maman m'en a parlé.

J'aurais mieux fait de me taire. Il resta silencieux un long moment. Je dis, sans savoir précisément pourquoi :

– L'eau, c'est des gouttes collées ?

– Et toutes pareilles...

– Comme quoi ?

(À partir de là, j'ai noté tout ce que disait César à toute vitesse et je vous le transcris comme c'est noté.)

Comme les lutins.

Les lutins ils sont tous pareils, tous pareils.

Il y en a dix.

Ils s'appellent tous Julien.

Julien c'est le garçon qui habite l'appartement d'à côté.

Il est méchant. Il va tomber malade bientôt.

Je l'ai vu tout rouge dans son lit pendant

que je dormais. Le docteur va venir. Sa mère va pleurer.

Tous pareils, sauf un : le chef des lutins il s'appelle Goldorak.

Il est très fort. Il est le plus malin. Il fait que des bêtises. Il pousse la règle de Candice qui est assise à la table à côté en classe et comme elle est en fer, la règle, elle tombe par terre en faisant du barouf. Il grimpe dans le cartable de Sharon et les autres lutins le suivent et ils foutent le souk là-dedans, et Sharon elle pleure.

Les garçons quand ils sont grands, ils deviennent des hommes et les filles elles deviennent des ogresses. Et après tout le monde il devient fantôme. On a tous sept vies de chat après la mort, c'est maman qui l'a dit.

Moi je leur dis sans arrêt de se tenir tranquille aux lutins, mais ils ne m'écoutent pas du tout, jamais, ils ne font que ce qui leur plaît.

Heureusement personne ne les voit, que moi.

Le soir, quand je suis dans ma chambre ils me disent de bien regarder. Il fait noir, maman a éteint la lumière et ils viennent m'embêter dans mon lit. Ils sont méchants.

– Mais attends, je croyais que c'étaient des copains ?

Pas du tout, ils m'embêtent sans arrêt, ils viennent à l'école, ils font que des bêtises, je les cache comme je peux et le soir ils m'embêtent encore plus. Ils me disent de compter toutes les images de sainte Thérèse. Je les pose autour de mon lit, toutes, toutes sans en oublier une seule, toutes, si j'en oublie une il va venir, alors je les compte lentement une par une, elles sont bien rangées côte à côte, partout collées les unes contre les autres, et si j'en oublie une en les comptant il va venir, alors je compte et j'arrive pas à dormir, je compte et il va sortir des murs ou du plafond ou il sera caché sous le lit et il va sortir.

– Qui ?

– Le serpent.

César s'est mis à pleurer à gros sanglots bruyants. Tout son corps était secoué de spasmes brusques, il semblait ne pas pouvoir s'arrêter ; puis le cours de ses pleurs est devenu plus régulier et moins fort, mais tout aussi intarissable. Il a fallu un long moment pour qu'il se calme. J'ai dit :

– Voilà un énorme chagrin, un chagrin gros comme une baleine, j'ai pas amené assez de mouchoirs parce que j'ai jamais rencontré de baleine.

Il a souri. Il a murmuré :

– Maman, le serpent, elle ne le sait pas.

C'est moi qui alors me suis senti très ému.

5.

L'enseignante m'attendait assise derrière son bureau, devant des imprimés. Elle m'accueillit par un :

– Bon, maintenant nous allons pouvoir rédiger le projet.

– Quel projet ? dis-je, la tête ailleurs, encore préoccupé de l'examen que je venais de réaliser.

– Ben le projet... !

Je ne savais quoi répondre. C'était vrai. L'institution nous demande ce genre de choses tous les jours. Je l'avais oublié.

Il y a le projet individuel d'intégration scolaire (PIIS), le projet d'adaptation pédagogique personnalisé (PAPP), et d'autres dont j'oublie les sigles régulièrement, qui durent deux ou trois ans et que les instructions officielles remplacent par un autre projet, destiné lui aussi à disparaître. On dirait que des gens, assis à leurs bureaux, dans les labyrinthes des souterrains du ministère, passent leur temps à imaginer des projets. J'ai le sentiment que l'idéal institutionnel serait que tout « signalement » d'enfant en difficulté produise un « projet » rédigé, qui figurera dans un dossier, lequel sera centralisé dans un bureau spécialisé.

Je ferai cependant une petite remarque : le temps qu'on met à rédiger le projet, à réunir les spécialistes et différents partenaires qui vont en discuter et permettre sa rédaction, chacun très soucieux de ses prérogatives, puis à le soumettre à l'autorité supérieure, à réunir la commission adéquate qui va prendre la décision d'entériner le projet, est du temps qu'on ne consacre pas à l'enfant réel, ni à l'aider concrètement. Par contre, du point de vue administratif, tout est satisfaisant, bien ordonné, bien classé, réalisé dans les formes. Et chaque fonctionnaire qui est satisfait rentre chez lui avec le sentiment du travail bien fait et la conscience tranquille.

Il s'agit de concevoir un projet pour un

enfant virtuel, un enfant dossier, un enfant fichier. J'ai souvent la pensée que je travaille pour l'administration de la Cité interdite de l'empire du Milieu au XVIIe siècle, dans laquelle chaque petit fonctionnaire est d'abord soucieux de son petit pouvoir et se montre absolument impitoyable sur le respect absolu des formes qui le font exister.

Il y a peu de temps, nous avons eu à rédiger le projet (je ne sais plus lequel exactement), concernant un enfant qui avait atteint l'âge de l'école obligatoire et que sa mère voulait faire admettre dans une école ordinaire, comme c'est son droit et conforme à la loi.

Il s'agit d'un garçon handicapé. Il se prénomme Michaël. Quel handicap ? me direz-vous. L'école a bien du mal à les nommer, ces enfants qui ne se laissent pas calibrer, qui refusent ou ne peuvent pas marcher du même pas que la moyenne normale, qui ne suivent pas les programmes ou qui se distinguent par une caractéristique par trop flagrante. Ils ont d'abord été des « arriérés », et on a créé en 1909 des classes et des écoles pour eux ; puis ils sont devenus des « inadaptés », concept parfaitement creux puisqu'un enfant s'adapte toujours aux conditions d'environnement qui lui sont faites ; maintenant ils sont des « handicapés », à bien distinguer des enfants dits « en difficulté ». Un siècle pour en arriver là : c'est sidérant !

L'école est faite pour des classes, nous dit-on, des classes d'âge, des groupes d'enfants de tous milieux, agglomérés par paquets de vingt-cinq avec un enseignant qui les traite à égalité ?

J'ai, moi qui m'occupe des enfants en difficulté, la certitude que ce discours est une belle histoire pleine d'illusions et de mensonges pieux. Regardez comment elle traite ces enfants qui restent au bord de la route, et vous saurez ce que l'école veut en vérité. Elle ne travaille pas pour tous les enfants, elle est pensée pour un enfant normal, moyen, tellement moyen et normal qu'il est abstrait et n'existe pas. Mais pour ceux qui sont réels, concrets, singuliers de leur complexité individuelle, il vaut mieux qu'ils ne s'écartent pas trop de ce modèle.

Peut-être le but de tout cela est-il de produire des enseignants ou des enseignants d'enseignants que sont les inspecteurs. Cela signifierait-il que les enseignants sont moyens et normaux, en tout cas qu'ils représentent le modèle idéal du citoyen de notre république ? C'est à le croire en écoutant certains d'entre eux commenter le monde. Ils savent ; ils affirment ; ils jugent ; ils condamnent ; ils évaluent tout depuis la fenêtre de leur école, et estiment les parents dans la mesure où ceux-ci leur apportent une aide manifeste dans leur rude et noble tâche de plus en plus méconnue. Il va sans dire que peu, très peu de ces parents méritent une bonne note.

Et il s'écarte trop du modèle, le petit Michaël. Il n'est pas seulement handicapé, il est polyhandicapé. J'ai entendu un spécialiste ergoter ; on dit plurihandicapé pour certains, mais, lui, il est polyhandicapé : il est victime d'un syndrome qui explique l'ensemble des symptômes et handicaps dont il souffre ; alors que le plurihandicapé subit différents handicaps qui n'ont aucun lien entre eux. C'est vrai : faut être précis.

Michaël subit dans son corps une maladie génétique non évolutive, une saloperie qui l'a fait naître bancal, déformé, dans l'obligation de porter un corset en permanence pour se tenir droit, sourd et muet, avec une langue que sa bouche ne semble jamais pouvoir contenir. Il devrait être aussi très déficient intellectuel ; tous les autres enfants recensés en France qui sont atteints du même syndrome le sont. Mais pas lui.

Michaël veut vivre ; il montre une curiosité, une appétence à communiquer, à apprendre qui sidère tous ceux qui l'ont vu. Il a six ans et pratique la langue des signes, dans laquelle il progresse avec des bottes de sept lieues. Il veut aller à l'école. Michaël se lève le matin et la fenêtre de sa chambre donne droit sur une cour d'école, sept étages plus bas. Il montre à sa mère l'école. Il se désigne du doigt, puis montre l'école. Et recommence. Quand des travaux ont commencé, et que des bâtiments ont été détruits autour de sa maison, pour être reconstruits « réhabilités », Michaël vérifiait chaque matin que l'école, elle, était toujours debout, intacte.

Sa mère décide donc de faire appliquer la loi. Il faut dire qu'avant de se diriger vers une école ordinaire, cette maman avait suivi les procédures prévues pour que son fils soit admis dans un établissement pour handicapés. Mais ce fut le parcours du combattant, pensé par Kafka : pas assez handicapé pour certains centres, le garçon l'était trop pour d'autres ; on ne voulait pas de lui chez les sourds-muets (où il aurait pu apprendre encore mieux la langue des signes) parce qu'il était handicapé physique ; mais on ne voulait pas non plus de lui chez les handicapés physiques parce qu'il était sourd-muet ; et tout cela rien qu'en examinant son dossier, sans jamais le rencontrer, malgré l'insistance de la mère.

Finalement, on l'aurait bien accepté chez les très, très handicapés ; c'était là sa place, puisque son syndrome y était pris en charge ; mais alors il aurait dû se trouver avec des enfants très déficients intellectuels, ce qu'il n'était pas du tout.

La mère manifesta dès lors un certain mauvais caractère, et même parfois, elle osa piquer des crises de colère parfaitement « déplacées », disait-on, contre tous ces gens qui refusaient, selon elle, que son fils soit intelligent ; elle a fait montre de mauvais esprit, voyons, c'est indéniable ! Dans son dos, les spécialistes disaient entre eux que cette mère était folle et que sa relation avec son fils, quand même, devrait faire l'objet d'un « travail », bref être examinée par un psychiatre. C'est dire si elle était dérangeante !

Je ne sais pas dire s'il est possible à une mère d'enfant polyhandicapé promis à un avenir de légume par les spécialistes de demeurer normale dans ces conditions. J'oserai une hypothèse qui n'engage que moi : n'est-ce pas parce que cette mère n'est pas « normale » que cet enfant n'est pas devenu un légume ?

Quand ils se pointent à l'école de leur quartier, cette mère et son fils sont déjà bien connus des services spécialisés. Mais la directrice, une brave femme, décide d'être un fonctionnaire de l'État qui obéit à la loi, et l'accepte.

C'était compter sans les règlements de l'institution, auxquels la vie doit toujours se plier, se réduire, se restreindre. La directrice s'est fait « remonter les bretelles », « souffler dans les bronches ». Pas question d'admettre l'enfant sans projet spécialisé, regroupant les spécialistes, rédigé et contresigné par l'inspecteur après passage devant la CCPE. Elle se prenait pour qui, cette directrice qui se passait de l'avis des spécialistes compétents !

La rentrée scolaire a eu lieu. Les autres enfants du quartier sont allés à l'école, et tous les jours, Michaël pouvait le constater de la fenêtre de sa chambre.

Mais il fallait le temps, réunir tous les spécialistes qui ont des agendas « surbookés », ce n'est pas facile ; et puis il y a eu deux annulations et deux reports pour la première réunion, parce que Mme le docteur Untel ou M. le responsable Machin du service spécialisé étaient désolés mais une urgence...

Il fallait aussi quelqu'un qui utilise la langue des signes pour « faire la médiation ». Une institutrice de l'école savait bien, par hasard, utiliser la langue des signes, la même que Michaël et sa mère, mais « pas parfaitement ». Or M. le directeur Machin, du service spécialisé truc, avait dans son personnel un spécialiste, mais qui ne savait pas conduire et qui ne pouvait donc venir dans l'école tous les jours. Et puis c'était trop loin.

Donc on cherchait l'oiseau rare. Trois semaines, un mois se sont écoulés. L'oiseau rare, on ne l'a pas trouvé.

Quand on a enfin réuni tous ces gens, en présence de la mère de Michaël un peu énervée, on a décidé qu'il fallait « tenter l'intégration ». Curieusement, la seule qui n'avait rien à dire lors de cette « réunion pour l'intégration » était l'institutrice : elle ne connaissait pas encore Michaël ; par contre, c'est bien elle qui allait prendre en réalité cette responsabilité puisque c'est sa classe qui devait en être le cadre. Elle dut donc subir le discours des spécialistes qui, eux, ne verraient Michaël que rarement.

Eh bien, Michaël a montré, malgré des conditions de départ délicates, que là aussi il voulait vivre, apprendre, avancer. Après un mois, l'institutrice voulait augmenter son temps de présence à l'école, au début bien court ; après quelques semaines, Michaël venait à l'école tous les jours sauf le lundi. Et le plus beau, c'est que les autres enfants de la classe ont commencé eux aussi à apprendre la langue des signes.

Cette institutrice est une femme de bon sens, intelligente et ouverte. Elle a considéré, sans discours vain, que ce garçon handicapé était d'abord une chance pour elle, sa classe et les autres enfants. Oui, une chance : elle n'a pas pensé à se montrer bonne, généreuse, ni à « faire quelque chose pour ce pauvre petit ». Il en existe, des enseignants comme cette femme. Ils sont disséminés dans les écoles, parfois un peu isolés, parfois au sein d'équipes solidaires qui réfléchissent. C'est un honneur de travailler avec eux.

Il serait bon, non que l'institution les reconnaisse et les glorifie, mais simplement qu'elle ne les empêche pas de travailler. Il peut arriver quand même que ceux qui vivent au quotidien les difficultés, qui les analysent concrètement, qui inventent des solutions et se montrent créatifs, parviennent à modifier les règles, les cadres et les impératifs définis de loin par ceux qui ne les vivront pas. D'autant que ces derniers se montrent rarement humbles.

L'enseignante de César voulait donc rédiger le projet d'accompagnement pédagogique individualisé, à moins que ce ne soit le projet d'intégration individualisé spécialisé ou scolaire, je ne sais pas, elle ne m'a pas donné de précision.

Il fallait que le formulaire qu'elle avait sous le nez soit rempli.

– Vous comprenez bien, m'a-t-elle dit, lorsque M. l'Inspecteur viendra dans ma classe, s'il s'aperçoit que cet enfant n'est pas normal, il faut que je puisse prouver que j'ai bien signalé son cas, et qu'un projet a été rédigé pour son dossier.

J'avoue mon embarras. Je ne souhaitais pas refuser à cette brave femme le sentiment du devoir accompli porté par une conscience professionnelle limpide et innocente. Mais je ne trouvais pas quoi lui dire, qui lui permettrait de remplir les cases prévues dans le formulaire. J'ai été soulagé quand j'ai trouvé :

– C'est un cas complexe, j'ai besoin de temps.

Le coup du cas complexe est assez imparable, et facile, je l'avoue ; l'autre catégorie dont j'use depuis que j'ai des cheveux blancs, c'est : « Je ne sais pas, je travaille, je cherche », mais elle est impossible à utiliser avant un certain âge. Trop jeune, vous passez pour incompétent ;

avec les rides, cela vous pose en professionnel sérieux et rigoureux.

Comme prévu, elle a été désarçonnée.

– Bon, mais alors quand ?

Elle était méfiante quand même.

– Il faut que je le revoie le plus vite possible, mais je ne vous laisserai pas tomber, ne vous inquiétez pas ; et puis vous pouvez toujours dire à M. l'Inspecteur, si c'est nécessaire, que le travail est en cours. Je confirmerai si besoin.

Cette histoire m'a amené à réfléchir.

Cette notion de projet en matière de psychopédagogie rencontre chez les inspecteurs de l'Éducation nationale une adhésion sans réserve. Je me souviens d'une conférence pédagogique portant sur ce thème, où l'un d'eux paraissait convaincu, je dirais même enthousiaste. Il parlait à tous les enseignants de sa circonscription réunis, avec un authentique désir de faire passer le message, de recueillir un accord entier de tous ces instituteurs.

Je crois ne pas trahir sa pensée en affirmant que, pour lui, la notion de projet est inhérente à la pratique pédagogique : qui dit pédagogie dit projet en quelque sorte. C'est vrai qu'on rencontre avec plaisir ces enseignants qui embarquent tout un groupe d'élèves dans un projet théâtre ou cinéma, projet qui va leur servir à mobiliser les enfants pour mieux les amener aux apprentissages du programme.

Je me souviens de ce maître d'école rurale, passionné d'archéologie et ma foi fort compétent, technicien affirmé en la matière, qui lançait sa classe de CM2 dans des fouilles respectant parfaitement les règles de l'art, et qui prenait l'année scolaire entière pour aboutir à la constitution d'un champ archéologique que les professionnels n'auraient pas méprisé.

Il utilisait tout : les mathématiques pour en tracer les plans selon différentes échelles, l'histoire et la géographie bien sûr, le compte rendu, la rédaction (avec au passage les règles d'orthographe et de grammaire), le dessin et la peinture, et même la poterie pour la reconstitution de vases et d'amphores d'après gravures. Les élèves se montraient pour la grande majorité passionnés.

Pour la grande majorité. Parce que chez lui aussi, moins que chez certains autres, existaient ces enfants qui ne suivaient pas le groupe, piétinaient, reculaient, préféraient les chemins de traverse à la belle route bien droite du magnifique projet. Alors pour ceux-là, il lui fallait à lui aussi, comme l'enseignante de notre César, s'asseoir devant un projet individualisé spécialisé personnalisé.

C'est que, pour tout projet que l'on peut construire, même hors du champ éducatif, même le plus subtil et le mieux élaboré, dès qu'il concerne plus d'un sujet, le problème, le grain de sable qui gêne les rouages de la machine, c'est l'altérité. L'autre n'existe pas dans un projet ; dans aucun. Même s'il s'agit d'un projet de mariage.

Tout projet que je conçois ne concerne que moi. Tout autre que j'y inclus n'y sera qu'un objet, au mieux consentant. C'est à la question de l'altérité que notre école est confrontée. Enfin, je rectifie : c'est la question à laquelle les psychologues sont confrontés dans l'institution. Mais est-il bien utile que des psychologues, qui se poseront nécessairement cette question, soient employés par l'institution ?

6.

C'est sur cette altérité que je butais avec ce garçon prénommé César. Je le rencontrai donc une deuxième fois.

Je sais bien que nous ne sommes pas censés, nous psychologues en institution, entamer une quelconque psychothérapie avec un enfant en difficulté. La psychothérapie doit se dérouler dans un lieu de soins, et l'école n'est pas un lieu de soins. Certains inspecteurs, et d'autres plus élevés dans la hiérarchie, vont jusqu'à l'affirmer : la psychothérapie est interdite à l'école.

Là, ils s'avancent beaucoup. D'abord ce n'est écrit nulle part.

Or on ne peut interdire que ce qui est explicitement interdit : c'est écrit quelque part. Et pour ce qui concerne cette question, je ne sais pas où. Mais on rencontre toujours des gens pour prendre la position du Maître, de Celui-Qui-Sait, du Grand Interdicteur qui dit la Loi. Énoncer un interdit sur une chose que l'on ne connaît pas, *c'est interdire aux autres d'y penser.* La psychothérapie n'est pas interdite à l'école. Elle est *impossible.*

Il est très difficile, par ailleurs, de définir exactement *la* psychothérapie. Elle ne dispose encore d'aucun cadre méthodologique, conceptuel ou même simplement légal précis. Il existe des formes différentes, défendues par des « psychothérapeutes » agressifs avec leurs collègues qui défendent d'autres formes. Réunissez des « psychothérapeutes » de différentes chapelles dans une même salle, laissez-les entre eux et fermez la porte à clef : il y aura des meurtres.

Et puis, et surtout, qu'est-ce qui est thérapeutique dans une relation duelle, d'être humain à être humain ? C'est sans doute bien, et nécessaire, de posséder des diplômes universitaires reconnus, d'être psychologue ou psychiatre patenté, pour se lancer dans la psychothérapie. Un psychologue a fait des études de psychologie, sanctionnées par un diplôme.

Ces études ressemblent à un manteau d'arlequin : elles rassemblent différentes disciplines, qui vont des statistiques à la biologie, de la psychanalyse à la sociologie ; elles utilisent des méthodes, rigoureusement transmises par l'université, mais sans lien nécessaire les unes avec les autres. Bref : *la* psychologie, ça n'existe pas.

Je ne vois pas en quoi ce parcours permet de se pousser en avant pour se déclarer « psychothérapeute ». Le psychiatre est un médecin. Il connaît, de façon très pointue, les maladies et les médicaments ; rien ne le conduit à la position de « psychothérapeute », si celle-ci suppose le dialogue et l'écoute, quand il s'agit d'entendre l'altérité. C'est d'ailleurs un fait aussi constant que surprenant : les médecins sont souvent des gens qui n'écoutent pas. Ils savent. Reste la psychanalyse... Elle existe, je l'ai rencontrée. Mais nous y reviendrons.

Personne n'a jamais « soigné » en psychologie par de belles théories bien cohérentes et pointues, ou des concepts psychopathologiques fins, brillants et régulièrement astiqués. Et ce n'est pas parce que vous exercez dans un lieu de soins officiel, même si c'est l'hôpital, que vous êtes « psychothérapeute ». Il y a autre chose, de plus difficile à cerner.

Permettez-moi d'évoquer un souvenir. Nous n'en sommes plus à une digression près.

Je me trouvais pour des raisons familiales dans une clinique dite de « soins palliatifs », où l'on admet, comme vous le savez, des gens en fin de vie. Les infirmières m'avaient fait sortir de la chambre occupée par la personne que je visitais. Je m'assis dans le couloir et observai les allées et venues du personnel.

Je vis une psychologue, que je connaissais, entrer dans une chambre pour proposer ses services à un nouvel arrivant. Je sus, en interrogeant ultérieurement ma collègue, qu'il s'agissait pour elle de « nouer avec ce patient une relation qui lui permettrait de l'accompagner vers la fin » ; c'était sa troisième rencontre avec ce malade, un « vieux monsieur charmant », disait-elle.

Ce qu'elle ne savait pas, ma collègue psychothérapeute reconnue, c'est qu'après sa sortie de la chambre où elle était restée trois minutes au maximum, une fille de salle qui faisait le ménage dans le couloir, attendant tranquillement que la psy sorte, était entrée à son tour après avoir jeté un coup d'œil furtif à droite et à gauche. Et la fille de salle était restée, elle, presque une demi-heure dans la chambre à parler avec le malade. Ne la voyant pas ressortir, je m'étais approché en douce de la porte qu'elle avait laissée légèrement entrouverte, sans doute pour ne pas se trouver prise en faute par l'intrusion inopinée de la surveillante.

J'entendais le malade lui parler d'une voix calme, par instant émue, sans parvenir à bien distinguer le sens des paroles. Un instant, le malade pleura doucement ; alors je risquai un œil par l'interstice de la porte : la fille était assise à côté de lui ; elle lui tenait la main, en lui murmurant des mots que je n'entendais pas. Elle me vit et je retournai m'asseoir plus loin. Lorsqu'elle sortit, je la regardai bien en face et lui demandai :

– Quelqu'un de votre famille ?

– Non, pas du tout, dit-elle, mais ce monsieur est si seul...

Nous eûmes un sourire complice.

Après réflexion je pense que, de toute façon,

on ne peut « soigner » en psychologie que celui qui veut être soigné, et ce quelles que soient les circonstances, même très graves, même traumatiques qui l'ont amené à la souffrance. Mais le vrai problème, la première difficulté, pour celui-là, c'est de ne pas rencontrer un « psychothérapeute » qui l'empêche d'aller mieux.

Il est question de « suivi psychologique » dans les textes officiels qui nous régissent, à l'école comme dans toutes les institutions. Suivi psychologique n'est donc pas psychothérapie. Voilà un bel exemple, il me semble, de la pensée molle qui caractérise notre époque. Comme on ne sait pas ce qu'est la psychothérapie, on ne sait pas non plus comment définir le « suivi ». Quand est-ce qu'il y a « suivi » ? À partir de plus d'une rencontre avec le sujet ? Deux ? Trois ? Je ne sais pas.

J'ai quand même le sentiment que, dès ma deuxième entrevue avec César, c'était bien quelque chose comme du suivi psychothérapeutique qui s'installait entre nous deux. Cela s'était même installé avant ; je ne sais pas quand au juste, mais ce que je sais, c'est qu'à l'instant où il a dit « serpent », c'était déjà là. Il me semble que la « psychothérapie », si ça existe, c'est quelque chose qui s'installe dans l'entre-deux : l'un se met en position de souffrant, l'autre de thérapeute ; c'est le souffrant qui fait le thérapeute et inversement.

Peut-être vaut-il mieux que le thérapeute soit dûment diplômé. Mais j'ai rencontré des gens brillants, capable de vous asséner un discours théorique pointu, psychiatres et psychanalystes reconnus et écoutés, qui ne soigneront jamais personne. Et j'ai aussi rencontré des infirmiers, des enseignantes, moins diplômés, incapables de tenir ces beaux discours, mais qui laissent naître entre eux et la personne qui souffre cette chose énigmatique qui s'appelle « thérapie ».

Cela n'apparaît pas à chaque rencontre, même si certains thérapeutes prétendent gagner leur vie avec ça. Certains « patients » cherchent un thérapeute sans le trouver ; même s'ils rencontrent quelqu'un qui a pu se placer en position de thérapeute avec un autre patient.

Cela ne surgit pas non plus parce qu'il est inscrit « centre de soins » sur la porte.

7.

Son serpent, il me préoccupait. Je ne cessais d'y penser. La deuxième rencontre a lieu. Voici mes notes :

– Tu as déjà vu des serpents ?

– Oui.

– Raconte.

– On est allés à la pêche avec papa et maman.

– C'est intéressant, continue.

– Il y a un lac, tu prends la voiture et tu arrives au lac, on s'est installés avec nos cannes et maman elle est allée s'asseoir plus loin avec un livre mais elle ne lisait pas, elle nous regardait papa et moi.

– Vous étiez côte à côte ton père et toi, c'est ça ?

– Oui on pêchait, il m'avait acheté une

petite canne et lui, il en avait une grande et maman elle nous regardait.

– C'est bien que ton père soit là des fois.

– Oui.

– Maman elle nous regardait et on attrapait rien, papa il a dit : ça mord pas aujourd'hui ; et moi j'étais à côté de lui avec ma petite canne qu'il m'avait achetée. Lui, il avait sa grande canne. J'ai pensé que la fois où il m'avait emmené aux boules avec lui c'était pareil.

– Comment ça pareil ?

– Eh ben il m'avait acheté des petites boules et il voulait que je joue avec et lui il avait amené ses grosses boules de pétanque, et ils se moquaient tous de moi et surtout maman. C'est là que j'ai vu le serpent. Il était sur l'eau et il venait vers moi. J'ai pensé qu'il allait grimper après ma ligne pour me piquer, et alors j'ai eu peur.

– Tu as fait quoi ?

– J'ai jeté ma ligne et je me suis mis à courir.

– Je comprends ça, tu as dû avoir très peur.

– Oui.

César se remet à pleurer avec des sanglots.

Je ne savais plus quoi dire, sauf rester là avec

lui, pour partager sa peine. Je lui ai demandé quand même de dessiner la scène. Il a cessé progressivement de pleurer, puis s'est penché sur la feuille blanche que j'avais posée devant lui. Il a saisi les crayons et a commencé son dessin en reniflant. Je lui ai donné un mouchoir en papier, que j'avais apporté cette fois. Quand il eut fini, je lui demandai :

– Tu me le donnes ?

– Oui.

Je suis reparti avec son dessin. Mais en ramenant l'enfant dans sa classe après cet entretien, tandis que, pensif, je me demandais quoi faire de ce « serpent », quoi en faire d'autre que d'afficher ce dessin dans mon bureau, je me suis « buté » à l'institutrice, comme on se cogne au réel. Je frappe, j'ouvre la porte de la classe, et César fait un pas à l'intérieur, mais s'arrête net.

La maîtresse est là, qui, les bras croisés, nous regarde, comme tous les autres enfants de la classe, dans un parfait silence, vingt paires d'yeux qui nous fixent. César est comme paralysé. Moi, j'avoue que je suis stupéfait. Et cette brave femme dit, d'une voix forte et claire :

– Bon, c'est pas le tout, mais faudrait me conseiller : je fais comment moi, avec lui ?

Elle désigne d'une main César, qui recule un peu, comme pour se réfugier contre moi.

Et voici reposé le problème déjà mentionné : au service de qui suis-je ? Dès que je sors d'un rôle strict de policier – dont la fonction se limite à donner une identité aux individus hors norme, afin que l'institution les classifie et puisse prétendre que son organisation n'est pas prise en défaut – je suis devant des questions épineuses. Je comprends que la majorité de mes collègues s'accrochent à leur personnage de testeur, d'examinateur, d'expert avec sa petite valise contenant des épreuves de mesure du QI. Outre que cela leur donne une petite importance, un petit pouvoir sur autrui, ils ont la paix en restant bien dans les attentes de l'institution.

Mais voilà, il y a César, un enfant qui attend, lui, autre chose de l'adulte professionnel qu'on lui présente. Car César demande quelque chose.

Dire à sa mère : chère madame, vous allez au centre médicopsychologique, à l'hôpital, dans un centre de soins parce que votre fils en a besoin, c'est simplement suivre la procédure réglementaire et abandonner César à sa souffrance et à son angoisse, car il est évident que la mère ne suivra pas ce conseil. Le règlement ne prévoit pas toutes les situations que la vie crée, et notamment qu'une mère soit folle et abusive, ou qu'elle jouisse de son fils.

Car si les enfants doivent devenir normaux à l'école, les parents doivent, eux, l'être déjà. Bien installés dans la norme, prévisibles, usant de raisonnements repérables : ceux qu'on leur a enseignés. Des parents, c'est un père qui travaille, une mère qui s'occupe des enfants, des gens qui s'entendent bien et sont à la disposition des enseignants, des parents collaborateurs zélés, attentifs aux moindres exigences de l'institutrice de leur enfant. Des parents normaux, moyens, abstraits qui, comme l'enfant modèle, n'existent pas.

On finirait par penser, à force d'entendre les enseignants parler des parents, puisque rares sont ceux qui trouvent grâce à leurs yeux experts, qu'il s'agit au fond d'une rivalité ; ces gages continuels que les parents doivent fournir, qui montrent leur respect, leur collaboration, leur soumission – et, non, le mot n'est pas trop fort quand il s'agit d'enfants en difficulté –, ne peuvent que conduire à cette question limite : mais avec qui en réalité l'enfant va-t-il se développer, grandir, se construire ? Qui est important sur le long terme ?

Donc : qui doit être soutenu ? Je n'ai jamais entendu d'enfants, même en grande souffrance, mettre en question vraiment leurs parents. Ceux qui le font (je parle de ceux qui vont à l'école, pas au collège) sont ceux qui vont bien. Ils sont suffisamment forts pour prendre ce risque. Les autres préféreront toujours s'accuser : c'est parce que je ne suis pas sage, que je travaille mal... Même les enfants maltraités s'accusent ; même les enfants que le juge a retirés à leurs parents, parce que la preuve est faite qu'ils sont dangereux, s'accusent : c'est moi qui...

On finit par comprendre : il est impossible à un enfant de détruire l'image de ses parents, et même seulement de l'écorner. C'est vital, il en a besoin.

Dans ces conditions, je vous avoue que j'en ai parfois plus qu'assez d'entendre des institutrices ou des directeurs d'école expliquer à des mamans comment elles doivent être mères, à des pères sur quel modèle, toujours rigide et sévère, ils conçoivent la fonction paternelle.

Mais ces enseignants, pour qui se prennent-ils ? Et je passe sur ces maîtresses d'école qui, manifestement, cherchent à s'approprier l'enfant, oubliant qu'elles ne sont que de passage dans sa vie. J'ai entendu une institutrice dire, parce qu'il avait été décidé en réunion que l'enfant, pour des raisons de santé, ne viendrait que partiellement en école maternelle : « Mais alors, il ne va plus m'aimer ? »

À force de discuter, on parvient parfois à ce que l'enseignant reconnaisse la difficulté d'être parent ; et on entend, comme une concession : oui, le métier de maman est bien difficile.

Mais, heureusement d'ailleurs, ce n'est pas un métier ; c'est une fonction. Une maman n'est pas que mère, enfin, je l'espère. Effectivement, il faut se repérer à cette évidence : c'est la fonction la plus difficile de toutes... avec celle de père.

J'ai trouvé une échappatoire aux injonctions de l'enseignante, et d'un clin d'œil à César, j'ai cherché à le rassurer, lui. Et je suis parti avec un sentiment de malaise intense.

J'ai réfléchi, bien sûr. César, qui n'avait pas révélé le serpent à sa mère, n'accepterait pas que j'en parle à son enseignante. Évidence. Donc, secret. C'est même le fameux secret professionnel : je garde le secret parce que l'enfant me l'a confié. Il ne m'appartient pas, ce secret. Ce n'est pas une information que je garde par-devers moi, par exemple pour prendre le pouvoir sur mes partenaires professionnels, en leur cachant le plus important. Je dis cela parce qu'il m'a semblé que souvent certains secrets étaient gardés dans ce but ; je pense au secret médical, parfois utilisé dans cet objectif.

Il y a longtemps, j'ai tenté de réunir tous les partenaires travaillant autour des enfants en difficulté, quelle que soit l'institution qui les employait : justice, hôpital, école, service social... Ordre du jour : on ne parle pas de cas connus, mais de nos fonctions réciproques et des obstacles qu'elles rencontrent. Au bout de dix minutes, c'est le secret professionnel qui était au centre des débats : secret du juge, du médecin, du psychothérapeute. À qui appartenaient tous ces beaux secrets ? Tellement beaux qu'ils justifiaient à eux seuls l'identité professionnelle de chacun.

Ce serpent, il était apparu entre lui et moi dans une situation précise, un contexte on appelle cela, il nous appartenait maintenant à tous les deux, nous le partagions *car l'enfant avait voulu le partager avec moi,* et donc il était hors de question que quelqu'un d'autre en connaisse l'existence, même imaginaire. Simple question de respect. La question du « secret » ne devait pas se poser ; si elle apparaissait, c'est alors qu'il volait en éclats.

Je ne trouvais pas la case où ranger César. Il n'existe pas de classes pour enfants phobiques ou hallucinés. Ni même pour les angoissés. Les angoissés sont devenus des hyperactifs, hyperkinésiques, caractériels, surdoués, dysharmonieux cognitifs ; ils ont des « troubles du comportement et de la conduite ».

Toute institution est un ensemble classifié de signes. L'école classe les élèves par les signes qu'ils présentent, sans chercher plus loin, et surtout pas la cohérence qui pourrait, sous les apparences, donner une explication à tous ces signes. Ainsi l'hyperactivité des enfants de cinq ans qui ont du mal à supporter le cadre d'une classe, et ses exigences, n'est pas un problème lié à une éducation particulière, où l'enfant ne rencontre pas d'actes clairs cadrant et limitant ses pulsions et caprices divers : c'est un problème de fonctionnement du cerveau anormal. Preuve scientifique ? Ce n'est pas la question : c'est l'hypothèse la plus simple, la plus économique, celle qui rencontre l'agrément de la majorité, celle qui permet de se débarrasser de la complexité. On ne dit pas : cet enfant est un emmerdeur ; on dit : il est hyperactif, ça pose.

Je ne trouvais aucun conseil à donner à la pédagogue, sinon d'être pédagogue et rien d'autre.

8.

César n'est pas un cas isolé.

Je pense à tous ces enfants rencontrés que je n'ai pu me résoudre à ranger dans des cases. Voici quelques-unes de leurs histoires.

Cynthia et le miroir

Cynthia désespère son jeune instituteur.

Au CM2 avec un an de retard sur le peloton, il juge qu'elle ne pourra pas affronter la sixième de collège, avec un niveau scolaire global de deux ans inférieur à la classe actuelle, et plein de lacunes dans ce qu'elle devrait avoir acquis solidement. Pour autant, il n'a pas pensé à la classer dans les déficients intellectuels, même « légers ».

Il la perçoit comme étant intelligente et ne comprend pas pourquoi elle est en échec. Car il s'agit bien d'un échec et pas de simples difficultés, selon son échelle de gradations. C'est aussi un échec pour lui. Les devoirs à la maison ne sont pas faits, les leçons ne sont pas sues, les exercices donnés en classe sont inachevés ou pleins de ratures. Elle est rêveuse, ailleurs, distraite. Placide et passive, elle subit les journées d'école. Elle a toujours été une élève « pas motivée ».

Elle est grande, un peu de surcharge pondérale, un ensemble un peu mou.

Cynthia raconte son monde, et la place qu'elle y tient. Maman s'occupe du bébé. Cynthia est l'aînée, et elle a vu ses successeurs s'additionner au fil des années : une sœur, puis deux petits frères, puis encore une petite sœur et le bébé. Cynthia, quand elle rentre de l'école, s'occupe de l'avant-dernière, qui a deux ans. Papa revient du travail très tard, et il s'affale devant la télé avec sa bière. On ne peut jamais lui parler. De toute façon il ne répond pas.

Cynthia parle à sa mère. Elles sont comme des copines, dit l'enfant. Cynthia veut aider sa mère : le ménage, la vaisselle, le linge à laver, à mettre à sécher, à repasser, les pantalons et chemises de papa, les fringues des gosses, les courses, faire à manger... À maman la charge du bébé, à Cynthia la petite sœur. Les garçons font des bêtises dans leur chambre ou dehors. Tout en accomplissant les tâches quotidiennes et répétitives, Cynthia et sa mère papotent ; la fille est la confidente de la mère.

Comment voit-elle l'avenir ? Cynthia se voit avec un bébé, elle aussi. Travailler ? Mais alors il faudra une nourrice pour garder le bébé, et c'est cher. Avoir un mari ? Cynthia n'y avait pas pensé. Elle reste silencieuse une minute, elle qui aime bavarder, parler, papoter dès que l'occasion se présente.

La vie s'organise autour d'une seule chose : avoir un bébé. Mais pas question de vivre ailleurs ou de quitter maman qui en aura d'autres, des bébés. Cynthia s'est construite un moi en miroir : maman avec son bébé, elle aussi. Ce qu'elle souhaiterait vraiment ? Ne pas aller au collège et rester avec maman toute la journée pour l'aider et parler.

Cynthia n'est pas une enfant, encore moins

une élève. A-t-elle une idée de ce que sa maman souhaiterait ? Cynthia comprend mal la question, répond à côté.

Son visage se crispe un peu ; là est la souffrance. Maman préfère les garçons, elle le dit sans arrêt.

Hubert et les grands

Hubert a six ans.

L'institutrice est inquiète : nous sommes en mars, et Hubert n'a rien appris en lecture depuis le début de l'année. Mais vraiment rien du tout, et les cahiers sont vides : il refuse d'écrire. Il est parfaitement sage, trop même, dit l'enseignante.

Ses parents se sont séparés alors qu'il avait quatre ans. Hubert a été confié à son père par le juge. La mère a disparu pendant plusieurs mois, ne donnant aucun signe de vie. Le père d'Hubert a noué une relation amoureuse l'année suivante avec une jeune Anglaise. Celle-ci s'est installée à domicile ; sur injonction des deux adultes, Hubert l'a appelée « maman ».

Mais voici que la mère génitrice réapparaît soudain. Conflits. Elle veut que son droit de visite et de garde soit effectif, et surtout que son fils cesse de nommer « maman » l'étrangère. L'Anglaise est enceinte ; elle connaît, elle, la solution de tous les problèmes : on va aller vivre dans son pays, de l'autre côté de la Manche, loin de l'autre, et tout ira bien.

Les querelles, conflits, engueulades, crises se multiplient. Et c'est l'Anglaise qui part ; elle retourne vivre dans son pays, avant la naissance du bébé. Elle ne donne pas de nouvelles. Et maman Une rencontre un homme qui lui plaît ; elle part vivre avec lui à cinq cents kilomètres. Maman Deux fait savoir que le bébé est une petite sœur qui va bien. Maman Une est loin : il faut « mille heures de voiture » pour aller la voir ; maman Deux encore plus loin. On ne sait pas si la petite sœur grandit, peut-être qu'elle va rattraper Hubert.

Hubert parle très bien, avec un rien de préciosité, comme un adulte en réduction :

« Je travaille la lecture et j'apprends, mais le lendemain, c'est plus fort que moi, j'ai tout oublié. »

« Je ne parviens jamais à me souvenir du nom des syllabes, je mélange tout. »

« Pour mon anniversaire, je crois que j'attendrai le dernier moment pour choisir mes cadeaux ; sur les catalogues, rien ne me dit vraiment. »

Hubert est triste. Il est seul en cours de récréation et ne joue jamais. Le médecin scolaire est passé examiner les enfants de la classe. Il a parlé de consultations à l'hôpital. Hubert va voir une psychologue. Il n'accroche pas : « La dame, elle me regarde et elle me dit de dessiner et moi je n'aime pas le dessin. » C'est sans doute que les représentations qui lui viennent à la conscience sont trop difficiles à dessiner.

Hubert est certain d'une seule chose : il ne veut pas devenir grand. Veut-il être un bébé ? Non, pas bébé non plus, ni grand ni bébé, il veut rester comme il est maintenant. Un silence, puis : « C'est trop compliqué, il y a trop de problèmes, j'y arriverai pas. »

Le médecin a posé un diagnostic : dyslexie. Hubert fera soixante séances d'orthophonie. D'ailleurs, ce médecin scolaire est un militant. Il a reçu le père d'Hubert pour lui dire : « Il faut faire reconnaître le handicap de votre fils : la dyslexie. Il faut lutter pour obtenir la création de classes spécialisées pour ces enfants-là ! »

Odile et les docteurs

Marlène est une « enfant de la DASS » ; elle ne connaît pas, n'a jamais connu sa mère. Elle ne porte pas le nom de son père. Si loin qu'elle se souvienne, elle était dans des internats, avec des éducatrices dont la plupart n'ont laissé aucun souvenir.

Elle rencontre Steven, qui sort d'IMPRO [1] ; il est très gentil, amoureux de sa jolie femme au-delà de ce qu'il saurait en dire ; il ne sait ni lire ni écrire. Quand Marlène apprend qu'elle va devenir mère, tout ce qu'elle ressent, c'est un grand désarroi, que partage sans doute Steven, mais il n'en dit rien.

1. Institut médico-professionnel (IMPRO) : pour adolescents et jeunes adultes « handicapés mentaux ». C'est la définition du handicap mental qui pose de nombreuses questions.

Marlène et Steven disent volontiers qu'ils sont des *ratés* de la vie ; c'est le mot qui revient, auquel ils ajoutent en riant : pourtant on n'est pas des *tarés*. Ils parviennent parfois à parler de la naissance future comme d'une chance ; Marlène, en aparté, dit une fois que c'est un peu comme un « petit miracle ».

À l'échographie du sixième mois, le docteur veut leur montrer le bébé sur l'écran ; ils écarquillent les yeux. Marlène dira, bien plus tard, qu'elle a reçu comme un coup. Le docteur marmonne négligemment, comme s'il se parlait à lui-même : il y a une *tare* au rein gauche. Mais peut-être a-t-il dit « tache », on n'est pas certain. Sur l'instant, ils ont tous les deux entendu : tare.

À la naissance, « ils ont gardé le bébé en couveuse » pendant deux semaines ; Marlène n'a pas pensé, pas osé lutter contre le personnel de l'hôpital pour rester avec sa fille. Quand « ils l'ont rendue », le docteur a dit : « Attention, votre fille est fragile, n'hésitez pas à revenir si quelque chose cloche. » Dans un entretien, le même docteur parlera de « prévention » : avec les mères de milieu « défavorisé », il n'hésite pas à « se montrer très directif ». Quatre jours après avoir repris sa fille, Marlène est de retour à l'hôpital, le bébé dans les bras. Hospitalisation du bébé, durée : huit jours.

Marlène commente : « J'étais certaine que notre bébé, on l'avait *raté*. » Pendant les deux premières années de sa vie, l'enfant passera, si on cumule, quatre mois avec ses parents et le reste, soit vingt mois, à l'hôpital. Il est inscrit, sur le carnet de santé, par exemple : hospitalisation ; durée : huit jours ; motif : rhinopharyngite.

– C'est quoi ? demande Steven, pendant que nous regardons la chronologie de ces hospitalisations. C'est grave, une rhino-machin ?

– Non, c'est un rhume.

À deux ans et demi, la fillette, qui se prénomme Odile, est insupportable : elle crie, elle hurle, elle se met en colère, puis elle dort ; et au réveil, elle braille. Dès qu'elle voit une blouse blanche, elle est terrorisée et va se cacher où elle peut. Elle court tout le temps, elle ne reste jamais fixée à une activité ou un jeu plus de quelques minutes. Elle ne parle pas, sauf un seul mot, quand elle est en colère ou frustrée : le « crocodile » ; il est partout, il va manger maman, papa, tout le monde.

À l'école maternelle, elle mord les autres enfants, la maîtresse, l'assistante. L'enseignante signifie au bout de deux jours qu'il est impossible de continuer à la scolariser ; elle appelle le médecin scolaire, qui dit à Marlène qu'il est nécessaire de constituer un dossier d'orientation, de « passer le dossier devant la commission » et d'envisager un établissement spécialisé de la santé. « Votre fille a besoin de soins », conclut-il. Marlène voit rouge ; il s'en faut de peu qu'elle n'agresse physiquement le médecin. Elle sort en claquant la porte, mais lance : « Pas question ! Ma fille n'ira pas dans votre établissement ; vos soins, ça suffit ! »

Marlène ne décolère pas : « Notre fille, en établissement, ça non ! Nous deux on y est passés, mais elle n'ira pas. » Elle « prend le taureau par les cornes » et décide d'aller consulter un autre médecin dans l'hôpital d'une autre ville, un homme dont on lui a dit le plus grand bien – « un docteur qui écoute les gens : un comme ça, je savais pas qu'il existait », dit-elle.

Elle s'oppose à toute idée d'orientation, se bat. On parle de faire un signalement au procureur pour défaut de soins, carence éducative.

Mais ce projet ne se concrétise pas, car Marlène fait peur ; et aussi parce qu'elle a parlé de l'autre docteur, qui a bonne réputation. On attend. On aménage le temps scolaire. L'institutrice accepte Odile seulement le matin.

Le nouveau médecin a décidé de reprendre tout à zéro. Il souhaite pratiquer certains examens, mais sans hospitaliser la fillette ; il est attentif, il est respectueux, il est doux. Il convoque un jour Marlène. « Vous allez être contente : tous les examens sont bons. En fait votre enfant n'a rien au rein gauche, elle n'a jamais rien eu. Je ne comprends pas. »

Marlène dit : « Je me suis mise à pleurer comme une fontaine, je ne me reconnaissais plus, je ne pouvais pas m'arrêter, le pauvre docteur il me regardait ahuri. »

Sophie et la réparation

Sophie est une très jeune femme, jolie et pas bien futée. Ses parents sont décédés dans un accident d'automobile, elle n'a pas de famille. Elle rencontre Lucien, un artisan un peu moins jeune : coup de foudre, mariage, installation, achat d'une petite maison avec jardin. Sophie croit aux lieux communs, aux illusions, aux histoires entendues depuis qu'elle est petite : le prince charmant, la chaumière et ensuite le bébé. Et surtout : retrouver une famille.

Naissance de Killian. Un beau garçon, mais un détail cloche : Killian présente une petite malformation du gastro-intestinale. Opération prévue à dix-sept mois, dans un grand hôpital parisien, à cent trente kilomètres du domicile qui est situé dans un hameau en pleine campagne.

Sophie est angoissée. On la rassure, il faut faire confiance aux spécialistes ; le chirurgien a dit : c'est une opération banale, « on va vous réparer ça ».

L'hospitalisation dure dix jours. Lucien a besoin de l'automobile pour son travail, il ne peut pas s'arrêter car il s'établit, et la clientèle vient par le « bouche à oreille ». De toute façon, Sophie n'a pas le permis, et elle est enceinte : elle est bloquée dans la maison. Elle se répète qu'il faut faire confiance aux spécialistes pour se rassurer. Sophie ignore qu'il est possible qu'elle soit hospitalisée avec son fils ; et personne ne le lui propose. Sophie ignore aussi que Killian est resté dix jours allongé sur son lit et la plupart du temps les mains attachées « pour qu'il cesse de se tripoter et d'arracher le matériel » ; c'est le médecin qui le lui dira plus tard.

Quand son fils lui est rendu, elle dit : « Je ne l'ai pas reconnu sur le coup. Il ne m'a pas regardée. »

Elle se retrouve seule avec son enfant dans la maison isolée. Elle ne parvient pas à entrer en communication avec lui : il ne croise jamais son regard, il ne parle plus, il se balance ou il pleure.

Elle est affolée. Très vite arrive le second bébé, elle espérait un autre garçon, c'est Marjorie, une belle petite fille. Voilà Sophie seule avec Killian qui ne communique plus et un bébé. La situation se dégrade rapidement ; Sophie ne trouve pas de réconfort auprès de son mari qui rentre très tard le soir et ne comprend pas sa solitude. D'après lui, elle a tout ce dont une femme peut rêver. Quant aux difficultés de Killian, ce n'est rien, ça passera.

Sophie dira plus tard : « Quand j'étais seule avec les enfants, je passais mes journées à pleurer. »

Elle essaie de scolariser son fils à l'école maternelle ; après une semaine, elle est convoquée par la directrice : impossible de continuer. Killian ne communique avec personne, n'entend pas quand on lui parle, ne regarde même jamais en face. La directrice lui conseille vivement de consulter un psychiatre ; selon elle il doit bien exister des écoles spécialisées pour « ces enfants-là ».

Une voisine du hameau, ancienne assistante sociale, est touchée par cette détresse et, disposant d'une auto, elle se propose d'emmener Sophie consulter des spécialistes pour Killian ; d'abord méfiante, Sophie accepte.

Elle entreprend la tournée des pédiatres et pédopsychiatres de la région. Elle leur montre son fils. Elle écoute patiemment leurs discours et, quand ils ont fini, elle pose la question qui l'obsède, la seule question qui justifie ses démarches : quand est-ce que Killian redeviendra comme avant ? Chaque fois, la réponse ne la satisfait pas ; alors elle va voir un autre spécialiste. L'un d'eux ne tient pas de discours : il se tait, au contraire, et il attend. Sophie s'affole et fuit la consultation ; il faut du temps, et toute la persuasion de sa voisine, pour qu'elle reprenne ses recherches. Le dernier qu'elle rencontre ne répond pas mieux que les autres à cette demande, mais il parle, lui, d'établissement spécialisé, de dossier, de commission départementale, de handicap.

Le dimanche matin suivant, après avoir rapporté à Lucien les projets de ce psychiatre, Sophie dit qu'elle va aller chercher du pain et des croissants en vélo pour le petit déjeuner. Elle sort. Lucien se dit qu'elle commence à surmonter ses problèmes. Il attend, puis s'inquiète. Elle n'est jamais revenue ; personne ne l'a jamais revue.

Léonard et la loi

Léonard est un garçon difficile. « Troubles du comportement et de la conduite », dit l'institutrice. « Hyperactif », dit le médecin.

Au CE2, à huit ans, il apprend très bien et très vite, tout en maintenant une agitation permanente autour de lui, comme une sorte d'écran protecteur. Surdoué, dit sa mère. Mais il n'apprend qu'à l'oral, parce que les cahiers sont tout à fait vides.

Il est insupportable : toujours en conflit avec les autres, il se plaint d'être le persécuté, la victime, celui que l'on n'aime pas. Et surtout, il pique des colères, se roule par terre dès qu'il est contrarié. C'est cela qui perturbe la vie de la classe : les crises nerveuses de Léonard.

L'institutrice est bienveillante, malgré son exaspération : elle cherche à comprendre. Peut-être le fait qu'il soit le seul « Black » de la classe est-il *la* cause de ce comportement ? Léonard taquine, asticote les autres, mais ne supporte pas qu'ils se rebiffent. Il les épuise. Sa mère semble en apparence ne pas contester le discours de l'institutrice, mais celle-ci est convaincue que Léonard trouve auprès de maman un soutien permanent à sa plainte ; d'autre part, il y a souvent des querelles et des conflits avec les mères des autres enfants.

Et le père ? Où est-il ?

Il est parti, dit la mère, qui, elle, est blanche et bien blonde ; il a quitté le foyer deux ans après la naissance de Léonard, après de violentes disputes auxquelles l'enfant a assisté. La mère de Léonard est absolument convaincue que l'enfant est nerveux à cause des bagarres dont il a été témoin. « Vous direz ce que vous voudrez, je ne changerai pas d'avis, je suis certaine que c'est *la* cause. »

Et, poussée dans ses retranchements, elle ajoute que le passé est le passé, que personne n'y peut rien.

Quelles mesures l'école a-t-elle prises, avant d'appeler le psychologue scolaire ? Aucune. « On a appelé le spécialiste. Nous attendons ses conseils. Faudrait même qu'ils soient bons, les conseils, parce que ça fait quatre mois que cette affaire empoisonne la vie de l'école ! Je le préviens quinze fois par jour, dit l'enseignante : si tu continues, tu seras puni, si tu continues, tu seras exclu ! » Les autres le surveillent, ils préviennent l'adulte lorsque Léonard commence ses bêtises. Mais il continue !

La mère approuve, elle rencontre les mêmes difficultés à la maison.

– Je le préviens cent fois, mais rien ne l'arrête !

– Et si vous ne préveniez pas ? demande le psychologue, si vous le punissiez directement ?

– Punir n'est pas une solution, dit l'enseignante. La mère est d'accord.

Le « spécialiste » démissionne : il dit ne rien pouvoir envisager dans ces conditions. Tout ce qu'il conseille, c'est, lors d'une « crise », d'appeler les pompiers ou le SAMU. On se demande s'il ne plaisante pas.

La directrice vérifie quand même auprès des pompiers, qui confirment : oui, cela fait bien partie de leurs attributions d'intervenir dans le cas d'une crise de nerfs en public pour hospitaliser le sujet. Elle en parle avec l'institutrice : c'est vrai que la caserne est tout près, à une minute à pied à peine. Trois jours après, les pompiers sont appelés en urgence.

Léonard se roule par terre en hurlant, en jetant les poings et les pieds dans toutes les directions, au milieu d'un cercle de curieux, dans la cour de récréation. Soudain, il s'immobilise et se tait. Un pompier est entré dans son champ de vision ; tout le monde attend.

Le pompier est un gigantesque Antillais, prénommé Toussaint. Il franchit le cercle des enfants, se saisit de Léonard qu'il remet sur ses pieds en disant de sa belle voix grave :

– C'est pas une conduite pour un garçon, ça !

– Oui, m'sieur, dit Léonard, sidéré.

Il n'a plus jamais piqué de crise dans le cadre scolaire.

Bernard et la cuisine

C'est une réunion dite « de l'équipe éducative ».

Sont présents : M. le directeur de l'école, M. le secrétaire de la CCPE, Mme le médecin scolaire, M. le psychologue scolaire, l'institutrice de l'enfant, sa maman et Bernard.

Papa n'est pas venu ; papa travaille.

C'est sérieux : Bernard a atteint la limite, douze ans. Il ne peut plus rester à l'école élémentaire, dans sa classe de perfectionnement. De toute façon ce type de classe va disparaître et on va créer des CLIS. Or l'inspection académique l'a clairement indiqué : ce ne sont pas du tout les mêmes enfants qui pourront bénéficier des CLIS.

Bernard doit aller au collège à la prochaine rentrée. La mère a déclaré d'emblée : « Pas question de votre SEGPA ! Le fils de la voisine y est ; elle en connaît d'autres qui en sont sortis sans aucun métier dans les mains, rien. C'est une voie de garage, on les occupe en attendant qu'ils atteignent les seize ans et hop, dehors ! Au chômage ! »

Le secrétaire de la CCPE, patient, explique à cette brave dame : « La SEGPA, dans le collège, est une section spécialisée qui forme en quelque sorte le prolongement des classes de perfectionnement. Bernard pourra, à partir de quatorze ans, y suivre une formation professionnelle... » Mais la dame est butée : « Non, pas question ! »

De toute façon, son Bernard n'est pas un idiot. Le front fermé, les bras croisés sur son imposante poitrine, elle affiche une détermination minérale.

Bernard est resté la tête baissée depuis le début de la réunion. C'est un grand garçon, un peu enrobé, à la bouille bien franche. Lui aussi se tient les bras croisés, à côté de sa mère.

La maîtresse a dit : « Il est très gentil, il est intelligent, c'est tout à fait exact, il est serviable, c'est un élément très positif dans la classe, toujours à proposer de l'aide, effacer le tableau, ranger les chaises, porter les choses lourdes, il est costaud. Un vrai chevalier servant », a-t-elle ajouté en riant.

Si on lui lit les énoncés de problèmes de niveau CM2, il est capable de les résoudre ; même les nombres complexes, il a compris. Seulement voilà, quand on le place devant un texte à lire, c'est trop douloureux. Il ânonne, il se trompe, va trop vite, lit n'importe quoi, ça dure des heures, il souffre. La mère approuve : « Depuis toujours, c'est comme ça ! Et croyez-moi, jamais je n'ai abandonné ! Tous les soirs depuis qu'il est entré à l'école, il doit lire sa page de lecture, même si ça doit prendre une heure ! »

Dans le passé, on a parlé d'orthophonie, et aussi de psychothérapie... La mère n'est pas loin de dire que ce sont tous des charlatans. « On a laissé tomber, dit-elle : aucun résultat ! » Le pire, c'était la psychologue qui voulait à tout prix rencontrer son père et qui l'interrogeait, elle, la mère, sur son enfance et ses parents, au lieu de le faire travailler !

Mme le médecin scolaire, qui s'agite depuis

un moment sur sa chaise, n'y tient plus : « Quand même, c'est manifestement un dyslexique ! » Bernard semble se ratatiner encore plus.

Mais qu'est-ce qu'il aime ? A-t-il une occupation favorite ?

« La cuisine, dit sa mère. Il veut devenir cuisinier. Le dimanche, il nous fait des petits plats, et les cousins viennent manger. Il prépare le repas pour dix, douze personnes, et c'est succulent. Moi ça me repose, avoue la brave dame. La pâtisserie, surtout. Il fait des gâteaux, des merveilles. »

On lui donne la parole : peut-il expliquer ? Bernard se redresse un peu.

Il explique comment réussir un gâteau au chocolat léger. Et aussi le bœuf bourguignon ; il est à son affaire, il s'anime un peu, regarde enfin les gens dans les yeux. Il a essayé des expériences culinaires réussies. Il a ses trucs à lui. Il a changé de visage. Son institutrice sourit.

« Quand même, dit M. le directeur qui était resté silencieux jusque-là, tout ça c'est bien joli, mais pour apprendre vraiment la cuisine et suivre une formation, il faut savoir lire ! »

9.

Le dessin de César était très beau, et surtout très clair.

À gauche, il avait posé sa mère, avec de grands yeux bordés de noir, qui regardaient vers la droite du dessin ; un livre était posé à côté d'elle, mais ce qu'elle observait avec ce regard sombre, c'étaient son fils et son mari.

Qui se trouvaient à droite du dessin, assis côte à côte, l'adulte avec sa grande canne à pêche, l'enfant avec sa petite canne ; le père et le fils, identiques, si ce n'est par la taille.

Et au beau milieu du dessin : un serpent qui dirigeait sa langue fourchue vers les pêcheurs, l'enfant se trouvant tout près du reptile.

Il suffisait de mettre des mots sur ce dessin :

« Sous le regard de la mère, le fils tente de se rapprocher de son père et veut lui ressembler ; mais c'est interdit par ce regard ; alors apparaît le serpent, symbole négatif de cet élément anatomique qui caractérise l'appartenance du fils à l'ensemble masculin. La scène se fige. Tout est là. »

C'était exactement comme si César m'avait dicté ces phrases en dessinant.

Que devais-je alors entreprendre ? Devais-je dire à cet enfant : garde ton dessin bien caché, je vais tenter de convaincre ta mère d'aller consulter un psychiatre, et quand tu seras seul avec lui, tu le lui montreras ? Absurde. Dangereux. Traîtrise manifeste. J'aurais eu, tout simplement, honte.

Je vois ce que l'on pourrait me reprocher : je me suis mis, et j'ai placé cet enfant, par mon attitude irresponsable, dans une situation impossible. Impossible est le mot juste. C'est bien là que se trouvait mon « erreur » : avoir placé ce garçon en position de sujet. L'institution n'est pas pensée, voulue, pour qu'y apparaissent des « sujets », sujets d'une parole propre, s'entend. Elle est conçue pour que des individus objets, comptabilisés, rangés, classés, identifiés, inclus dans les projets qu'on élabore pour eux. L'institution sait ce qu'ils doivent penser et dire.

Pas question de leur donner la parole, ou alors c'est une ruse dont le but est de les amener à corriger leur « erreur », à les replacer dans le « droit chemin ». Je croyais qu'éduquer un enfant, c'était libérer son désir d'apprendre, le soutenir et l'accompagner vers sa propre parole, l'aider à sortir des projets qu'on pense pour lui ; je me suis donc trompé lourdement.

Je suis allé encore une fois rencontrer César. Ce faisant, j'avais bien conscience de frôler la limite de ma fonction et de me retrouver dans le risque d'outrepasser ma mission. Mais j'ai remarqué ceci : c'est souvent aux limites que l'on trouve de quoi élaborer, créer ; c'est, entre les bornes, en jouant le funambule, que l'on invente, en se tenant sur le point d'équilibre exact, entre ce que l'on sait et ce qu'on ignore que l'on pense vraiment.

La posture est fragile, et l'envie de revenir se réfugier dans les régions connues et familières est constante. Il faut résister, s'arc-bouter comme face à un fort vent contraire et porter les regards vers les zones d'ombre et d'inquiétude. En fait, c'est exactement ce qui fait la singularité du métier de psychologue, à mon avis.

Ont tort ceux qui veulent, par désir de respectabilité, de reconnaissance sociale, se conformer au modèle médical sous prétexte de thérapie.

Oui, le médecin doit savoir. Quand le patient consulte, il veut trouver quelqu'un en face de lui qui, non seulement affiche une grande confiance en lui-même et en ses connaissances, mais aussi un docteur qui domine son sujet sans forfanterie. J'ai tel symptôme : quelles sont la maladie et la thérapie ? Le patient attend une réponse claire et efficace.

Pour qui consulte un psy, la démarche est la même, l'attente identique ; la question qui apparaît alors est celle des savoirs du psy. Or le psy ne sait pas. Bien sûr il sait un peu, plus ou moins en fonction de son expérience et de son niveau théorique ; mais ce qu'il ne sait pas est incomparablement plus vaste. Sa seule certitude est qu'il existera toujours un livre de plus à lire pour accroître sans cesse ses connaissances ;

l'essentiel n'étant pas d'additionner des savoirs, mais de continuer à chercher.

Le psy est là pour apprendre, ce qu'il ne dit pas. Il dit : nous allons chercher ensemble. Nous allons élaborer ensemble une réalité qui n'appartiendra qu'à nous deux, qui n'aura de sens que pour nous deux, et qui, surtout, mettra en forme, partagée par nous deux, ce qui vous fait problème ou souffrance et que vous ne parvenez pas à dire avec des mots. Vous n'êtes plus seul, pour un temps. Et le travail sera terminé lorsque vous cesserez d'avoir besoin de moi ; que, pour vous, je serai redevenu, non un magicien qui sait tout, mais un homme ordinaire qui cherche.

Mais alors, pas de maîtrise, pas de certitude, pas de garantie ? Exactement : c'est la vérité.

Voilà un enfant qui n'apprend pas parce qu'il est le siège d'un conflit psychique. Voilà une notion, le conflit psychique, étrangère aux références de l'école. Dans le monde bien ordonné de notre bonne institution, cette affaire-là, trop complexe, est rejetée hors des frontières. On ne s'occupe que de l'appareil cognitif, le reste du psychisme est ignoré ; les enfants sont découpés en tranches : celles qui sont acceptables dans le cadre de l'école et les autres.

Et encore, le « cognitif » est accepté s'il peut s'étudier comme un objet de science : il convient de repérer ses règles de fonctionnement, mais surtout applicables à tous. Toujours la norme.

Et pourtant l'institution a des ambitions clairement éducatives ; depuis Jules Ferry, elle les a toujours affichées sans ambiguïté. Éduquer, c'est donc amener l'enfant à la conformité, en le séparant de parties de lui jugées inacceptables. Le serpent de César n'est pas acceptable dans l'école. Va te débarrasser de ton serpent ailleurs, mon petit, et reviens-nous normal. Mais en attendant, les autres vont continuer d'avancer, de marcher selon le rythme pensé pour eux, au pas cadencé ; il te faudra rattraper ton retard.

Car il ne faut pas oublier ce mouvement-là : rien n'est statique, tout se déplace. Donc le meilleur moyen d'exclure un élément problématique est de le figer dans une identité, de le clouer au sol par une définition de son être singulier. Le raisonnement est admirable : il ne pouvait pas suivre les autres, parce qu'il était de toute façon... on peut insérer là n'importe quel diagnostic.

Et si César ne peut se débarrasser de son serpent, ou le confier à un vrai psychothérapeute dont c'est la fonction dans un lieu où c'est écrit sur la porte, et ce, parce que ses parents ne le conduisent pas dans ce lieu approprié, reconnu, estampillé, c'est leur faute. Ils sont de mauvais parents. Il est même parfois question de les assigner en justice : défaut éducatif, carence, maltraitance. Votre enfant a besoin de soins, nous détenons *le* savoir, et vous devez obtempérer à notre injonction !

Il n'est pas si difficile, après tout, de donner une identité à notre César ; c'est un enfant phobique, diront certains. On pourrait dire : il a une phobie, comme on a une grippe. Mais souvent le langage spontané des « spécialistes » traduit leur vraie certitude : César *est* un « phobique » – le sujet est son symptôme. À partir de là, les débats sont possibles. Les discours vont se développer, s'affronter, et chacun pourra dire le monde comme il le conçoit ; et le spécialiste est celui qui se montre capable de tenir un discours.

En apprenant des mots, on a accès à des mots. Par exemple, la phobie, c'est l'angoisse, mais en mieux élaboré. L'angoisse sans nom et sans objet, celle qui peut surgir à tout moment dans le corps et bloquer la respiration, geler la pensée, voire supprimer le monde dans une belle syncope, celle-là est la plus triviale ; et elle est bien embêtante au plan théorique. Comment l'expliquer ?

Mais la phobie, c'est-à-dire l'angoisse d'un objet précis – on dit l'objet phobogène –, c'est mieux, beaucoup mieux, et surtout beaucoup plus pratique. Pratique pour le sujet, qui sait de quoi il a peur, et qui peut donc s'organiser en fonction de l'objet cause de sa peur : il lui suffit de ne pas le rencontrer. La phobie des serpents pythons, quand on habite Paris, c'est une phobie relativement tranquille. Si c'est la phobie des chats, c'est plus embêtant. Je devrais écrire : la phobie *du* chat, car le phobique est celui qui a dressé sur la scène psychique une véritable statue au chat.

Pratique aussi pour le « spécialiste » parce

que les interprétations coulent de source. Papa Freud, lui-même grand phobique, a interprété d'une façon définitive la phobie du cheval d'un certain petit Hans au début du siècle dernier. Freud ne rencontre le petit garçon qu'une seule fois, et c'est pour lui dire en une seule interprétation : tu aimes si fort ta maman que tu as peur de papa. Toute l'histoire de Hans, Freud la tient de seconde main : c'est le père du garçon qui lui fournit au quotidien un compte rendu précis et détaillé.

De l'angoisse de castration – celle que le père redouté pourrait opérer s'il savait la rivalité amoureuse dans laquelle se tient son fils – à la phobie du cheval – grand animal représentant le père – Freud n'a fait qu'un bond. C'est le complexe d'Œdipe.

En sortant du 19 Berggasse, adresse du maître, Hans déclare à son père : « Freud doit parler avec Dieu lui-même pour savoir des choses pareilles ! » Ce qui peut se comprendre de plusieurs façons, dont l'une serait : il ne se prend pas pour n'importe qui pour énoncer des phrases aussi péremptoires ! D'ailleurs, après réflexion, Freud se moque volontiers de lui-même dans cette affaire.

Mais le discours freudien n'est pas tombé dans l'oreille d'un sourd. Trois semaines plus tard, Hans provoque son père : « Mets-toi en colère contre moi si je fais un caprice, montre-toi sévère et terrible, c'est Freud – celui que tu admires tant – qui l'a dit ! Il le faut ! »

Car dans la réalité de la vie familiale, ce n'est pas ce père qui pourrait sembler le plus menaçant ; ce serait plutôt un type attentif, gentil et tendre avec son fils. Bien sûr, le père imaginaire que Hans s'est peut-être construit sur une autre scène que celle de la vie quotidienne peut, lui, se montrer logiquement terrible. Mais c'est surtout sa mère qui se montre parfois franchement inquiétante, elle qui n'hésite pas à proférer des menaces : « Si tu continues à te tripoter le zizi, je vais te le couper ! » D'ailleurs Hans s'est interrogé quelque temps auparavant sur l'anatomie féminine et maternelle. Comment est le « fait-pipi » de maman ? Est-il comme celui de la petite sœur ? Est-il identique à l'énorme « fait-pipi » du cheval ? Hans s'est sans doute construit une théorie bien à lui de la « femme phallique ».

Tout cela pour vous dire que la phobie n'est pas une chose si simple, et que c'est même une construction très problématique, susceptible d'interprétations analytiques multiples, contradictoires et superposées.

Car si j'applique le modèle freudien à notre César, je perçois immédiatement que ça ne colle pas tout à fait : une angoisse de castration imaginaire serait à la source de sa phobie du serpent ? Plusieurs éléments sont à remarquer : une phobie du cheval, ou du loup, grand animal qui peut *mordre*, est adéquate pour une angoisse de castration ; mais un serpent, qui selon César, peut *piquer* s'adapte moins bien. À moins que ce « piquer » ne cache une autre représentation.

Ensuite Hans voit des chevaux dans la réalité de la vie citadine à Vienne, c'est incontestable ; or il n'est pas du tout certain que César ait vu un serpent réel ; il l'a probablement halluciné lors d'une scène « originaire », ce qui signifie que nous ne saurons jamais si elle a existé dans la réalité extérieure ou dans l'intérieure de sa

« scène psychique ». Mais il est certain que depuis, dans l'obscurité de sa chambre, il redoute la résurgence de cette hallucination.

Enfin, je l'ai déjà dit, c'est dans un contexte où la rivalité avec le père est moins évidente que la tentative de rapproché identificatoire que le serpent apparaît. César et son père sont « pareils », chacun avec sa « canne à pêche », comme sont tous « pareils » les petits lutins imaginaires : ils appartiennent au même ensemble, celui des humains pourvus d'un pénis, signe de l'identité. La grande canne et la petite canne... à pêche. Je vous rappelle que la mère de César encourage son sentiment religieux : la canne à pécher, qui conduit à commettre des péchés, qui est identique chez le père et le fils... devient effectivement l'organe identificateur.

Et le serpent représente le désir sexuel, mais vicieux, qui apparaît au bout de la canne à péchés, ou à pêcher ; ce que maman interdit : interdit de se laisser aller au vice, interdit d'être un garçon comme les autres...

On peut encore élucubrer, si vous me permettez ce néologisme, longtemps, car la construction de César qu'il traduit par un dessin est très riche. Mais je vous ferai remarquer trois choses, si vous me suivez encore un peu :

D'abord, ce dont je peux être certain, c'est que le garçon a *créé un symbole* avec son serpent ; c'est réellement une création symbolique dont il est l'auteur. Or cette création condense avec talent son problème.

Ensuite, c'était maintenant à moi de *partager ce symbole, comme m'y engage le sens étymologique du mot.*

Enfin, il n'est pas le produit de son seul appareil cognitif et sa source n'est pas consciente.

Voilà donc un être singulier : il dispose d'un psychisme qui, si on ne le découpe pas en tranches, est créatif.

10.

Je ne vais pas vous ennuyer avec les rengaines sur la créativité de l'enfant. Mais entre ce ministre qui voulait « placer l'enfant au centre du système scolaire » et celui qui veut, quelques années après, tout recentrer « sur la transmission des connaissances », déclarant son prédécesseur démagogique sans cacher son mépris, nous sommes devant une curieuse alternative. C'est un peu comme ce qui concerne l'intégration et l'adaptation déclarées séparées mais complémentaires : nos « penseurs » sont très ennuyeux, très péremptoires et très spécialistes du faux problème, de la mauvaise question, celle qui, dès qu'elle est posée, donne sa réponse, laquelle tombe à côté. Le second de ces ministres aurait d'ailleurs dû ajouter : « transmission des connaissances et des valeurs de la république », s'il voulait rester dans la droite ligne (sans jeu de mots) de tonton Jules, lequel plaçait l'instituteur comme premier éducateur et représentant de l'État républicain, éducateur du peuple, des peuples, les Bretons et les Corses, les Sénégalais et les Kabyles, les Viets et tous ceux qui ignoraient la Culture française si merveilleuse, les bons raisonnements, les bonnes idées, la bonne attitude sociale et relative à l'autorité, la démocratie et tout.

L'histoire devrait pourtant parfois donner à penser à nos philosophes d'État. Tiens par exemple : vous ouvrez une école, vous fermez une prison, disait l'autre tonton, Victor (Hugo). C'est beau. Mais c'est faux. Depuis qu'il a dit cela, éblouissant en son temps, les exemples pullulent qui disent le contraire. Et puis, il faudra bien en tirer les conséquences : des gens éduqués, instruits, diplômés, des gens *normaux*, disciplinés, qui possédaient une famille, des amis, dans un pays de grande tradition culturelle et (justement) philosophique ont systématiquement exterminé il y a soixante ans des enfants, des vieillards, des femmes et des hommes par millions, qu'ils ne connaissaient même pas et qui ne leur avaient rien fait personnellement.

Il faut *aussi* se méfier de l'éducation. Et puis on croit rêver, parfois, en écoutant nos « penseurs » : l'enseignant est celui qui transmet la connaissance, affirment-ils. Vous avez sans doute remarqué combien de nombreuses connaissances, et souvent aussi intéressantes que pertinentes, ont leur gisement hors du strict cadre de l'école.

Dire que c'est l'enseignant qui, en ce début de siècle, est celui qui les possède et les transmet est remarquablement anachronique et insuffisant. Ou alors c'est avouer que l'on pense ceci : les seules connaissances à transmettre sont celles que l'enseignant, fonctionnaire de l'État, policier d'un genre particulier, transmettra. Outre que c'est un bon moyen, par effet pervers, pour que nos enfants les cherchent ailleurs qu'à l'école, c'est aussi avouer le caractère de formatage de cette transmission. De la formation au formatage, il n'y a parfois qu'un tout petit pas. Mais j'insiste lourdement, n'est-ce pas ? C'est que plus la formation devient un formatage, plus il y a de résistance chez ceux qui sont en formation, plus il y a d'enfants en difficulté.

Alors l'institution s'invente des personnels d'un genre nouveau : les spécialistes de l'élève en difficulté.

Allons plus loin.

En dernière analyse, par observation, expérience et réflexion, j'en suis venu à ceci : l'institution école présente le champ des savoirs qu'elle est chargée de transmettre comme une réalité, la seule réalité ; lorsque le monde se déplace et se transforme, que les repères bougent, lorsque ce qu'elle a défini comme réalité se fendille et se fragilise, plutôt que de mettre en question les contenus transmissibles, plutôt que de s'ouvrir au monde et de laisser aller des volontés innovantes, l'institution renforce encore son discours et durcit ce qu'elle présente comme réalité.

C'est à ce moment qu'elle a surtout besoin des « psychologues », par exemple : pour mesurer les aptitudes de l'individu en regard de ce qu'elle a défini comme réalité, à travers des connaissances dites indispensables. Mais c'est pour renforcer le pouvoir institutionnel et la force de son discours qu'elle utilise des psychologues scolaires ; alors la « psychologie » sert à tenir un discours sur les aptitudes de l'individu en question, ce qu'il est capable d'acquérir, individu qui a été placé dans un champ de connaissances défini comme seule réalité valable. Il y a manipulation : intensifier le pouvoir de l'institution par le discours psychologique.

Et l'individu « mis en examen » obtiendra une identité au croisement de ces deux discours : c'est le diagnostic. Le tour est joué, l'aliénation parfaite. Cette analyse est transposable à toute autre institution, de santé ou de justice notamment.

On comprend pourquoi les enseignants ont tant résisté à l'introduction de l'informatique dans l'institution : par fidélité à l'esprit de l'institution. Voilà des machines qui possèdent un savoir incomparablement supérieur au leur ; le professeur devient bidon !

Il suffit que l'élève soit plus à l'aise dans la manipulation de l'ordinateur, et il va chercher rapidement des informations et des connaissances que l'enseignant ignore totalement.

Mais surtout, je voulais, concernant la créativité, remarquer ceci : les projets actuels, qui veulent utiliser les arts sous toutes leurs formes dans la pédagogie de l'enseignement, se voient rejetés sous des prétextes qui vont de : « Pas sérieux » à : « Pas de crédits ».

On entend à ce sujet des affirmations étonnantes venant de la hiérarchie supérieure de l'Éducation nationale, qui critiquent ces projets, ceux qui veulent qu'un écrivain, un peintre, un musicien, un comédien viennent en classe rencontrer les enfants ; et que les élèves eux aussi y puisent de quoi désirer écrire un roman, monter une pièce de théâtre pendant le temps des programmes scolaires.

Pas de temps à perdre avec ça, nous dit-on, il y a urgence à travailler sur les problèmes sérieux ! Et notre philosophe d'État, puis ministre, ancien responsable des programmes scolaires, de déclarer qu'avant de lancer les élèves dans l'expression écrite, il est bon de leur enseigner la grammaire et les formes académiques de l'écriture. Avant d'écrire, il faut savoir comment on doit écrire.

Tout cela est sans doute surprenant, mais au moins très cohérent.

Si nous regardons les programmes d'enseignement du français, nous ne pouvons pas ne pas être frappés de leur niveau d'exigences au plan formel, grammatical, syntaxique.

Simplement, ces programmes présentent aussi un niveau d'abstraction qui écarte d'emblée tous les élèves qui ne possèdent pas un père et une mère attentifs et de « bon » niveau culturel ; et surtout on constate que ces mêmes programmes ne sont pas pensés pour que les enfants aient l'envie de s'exprimer par écrit, trouvent à l'école le goût de la littérature. Soyons sérieux ! Ils ne sont pas là pour que leur désir de créer soit stimulé.

On dirait parfois que nos penseurs ont une bonne fois décidé que l'école devait être un lieu d'ennui. C'est surtout, je crois, que l'institution, en tant que discours de pouvoir, se méfie de l'art.

D'ailleurs, si un psychologue laisse aux enfants la possibilité d'exprimer leur vécu d'écoliers, de collégiens, je parle de ces enfants normaux et moyens qui devraient se trouver dans ces cadres éducatifs comme des poissons dans l'eau, ce qu'il entend, c'est le plus souvent : je m'ennuie. Perdu, le bon sens pédagogique qui croyait qu'on apprend comment écrire... en écrivant.

Non, il faut coller des gosses de dix, douze ans devant un texte et leur enseigner des abstractions sur ce texte.

Ils écriront, peut-être, plus tard. Très peu d'entre eux. L'élite. Je connais actuellement des enfants qui, entre leur CM1 à neuf ans et l'année de cinquième de collège à treize ans, n'auront pas écrit en tout plus que l'équivalent de cinq à six pages de cahier ordinaire, et tout le monde trouve ça normal.

Du coup, les « enfants en difficulté », ceux qui ne sont quand même pas des « handicapés », ceux qui sont encore pour un temps du « bon » côté de la ligne blanche, vont le rester. Ils ne réussiront jamais. Tout est d'ailleurs organisé pour que leurs parents s'en aperçoivent le plus tard possible. Et, à ce moment, la plupart, déçus par leur rejeton, s'en prendront à lui : on t'avait dit de travailler ! Il gardera ainsi un souvenir de l'enseignement qui le conduira aussi à recommencer les mêmes erreurs avec ses enfants. C'est ainsi que l'école reconduit et solidifie les différences de classes sociales.

Pourtant la plupart, l'écrasante majorité des enfants, même et surtout ceux qui rencontrent des difficultés, sont créatifs : c'est mon métier de psychologue, mes rencontres quotidiennes avec des enfants qui me l'ont appris. Il suffit de placer un enfant dans un cadre approprié, et il produit quelque chose : des paroles, des dessins, des jeux. Je ne dis pas qu'il est génial, surprenant, original ; je dis qu'il donnera des objets transitionnels à partager. C'est là le meilleur moyen de l'amener aux apprentissages.

La venue d'un comédien, d'un clown, d'un poète dans une classe d'enfants de huit ans, ce n'est pas un « truc » en plus, pas bien sérieux, pour intéresser les enfants à la grammaire, c'est du bon sens dans la question de la transmission. Ce n'est pas un « projet pédagogique maîtrisé », c'est la vie.

11.

Ce serpent, c'était un message qui attendait son destinataire ; et ce destinataire, c'était moi. J'avais beau retourner la question dans tous les sens, je revenais toujours à cette réponse.

Restait à « déplier » la signification de ce magnifique dessin qu'il m'avait donné. Finalement sa mère avait raison : ce gosse était exceptionnel, mais pas pour les raisons qu'elle croyait. Pour rester fidèle à ce que mon expérience m'avait enseigné, il me fallait veiller à ne pas trop me raconter que c'était mon rôle d'opérer ce travail en maître. Je ne devais pas croire que je savais.

Par contre je devais mettre en place un cadre dans lequel César allait, par l'expression libre de sa parole, et s'il le voulait, trouver lui-même de quoi aller au-delà de l'écran dont ce serpent occupait le centre. Je crois pouvoir cependant affirmer une seule chose : le spécialiste de l'enfant en difficulté à l'école, c'est bien celui qui est capable de se mettre à l'école de l'enfant.

Nous avons parlé. Enfin j'ai surtout écouté, et lui, en dessinant, parlait ; ou bien il se taisait, mais alors c'est que sa parole restait intérieure et qu'il n'éprouvait pas le besoin de me la confier. C'était tout sauf des silences vides. Donc je ne sais pas tout. César est resté, pour l'essentiel, une énigme. Mais j'affirme que c'est lui qui durant tous ces entretiens dans le cadre de ce « suivi » a apporté le matériel, les thèmes, les idées.

Il a dessiné les lutins, tous pareils, et leur chef plus grand et plus musclé. Nous avons parlé des garçons de la classe, de sa solitude, de leur façon de s'habiller et de celle que sa mère lui imposait. De son sentiment d'impuissance quand il aurait fallu dire à sa mère qu'elle lui collait une vêture qui l'isolait des autres. Nous avons parlé de la façon dont il est possible ou non de se faire entendre de sa maman, laquelle parle tellement qu'il n'existe aucun silence, aucun interstice où glisser sa parole à soi et qu'avec un psy, justement, c'est possible, parce qu'il est là pour ça.

Il a dessiné papa à la pétanque. Nous avons parlé de papa qui n'est jamais là. Et pourtant il est admirable ce papa qui est un champion de boules, s'il pouvait faire un peu attention, comme ce serait merveilleux. Mais peut-être est-il possible de lui faire signe qu'il a un fils et qu'il emmène son fils parfois hors de la maison, entre hommes. Quand il sera grand, César voudrait bien lui aussi être un champion à la pétanque et aussi à la pêche, il existe des concours de pêche, et en somme César voudrait tellement ressembler à papa.

Il a dessiné les enfants dans la classe. Nous avons parlé des filles qui sont des ogresses parce que leur bouche est pleine de dents, qu'elles parlent tout le temps, et beaucoup comme maman et la maîtresse, et elles utilisent leur langue pour clouer le bec aux garçons, elles veulent toujours avoir raison, se montrer plus fortes que les garçons, elles rapportent tout le temps à la maîtresse les bêtises que font les garçons, et elles sont amoureuses des garçons des classes de grands. Mais pas toutes les filles ;

et même il y en a une, c'est Kelly, elle est très gentille, elle joue avec César, mais ça, maman ne le sait pas. Kelly, elle trouve que les petits lutins c'est marrant, elle veut elle aussi jouer avec eux. Mais, maintenant qu'il en parle avec le psy, César comprend bien que les lutins sont une invention, que maman, elle exagère quand elle fait semblant d'y croire, et elle devrait dire : ça n'existe pas, voyons, César !

Il a dessiné le serpent tout seul. C'était un beau serpent vert et bleu avec des yeux rouges. Mais à propos, il n'était plus certain d'avoir vu le serpent sur l'eau, c'était peut-être bien un reflet qu'il avait pris pour un serpent ; d'ailleurs les serpents ne sont pas tous dangereux, il y a les couleuvres qui ne piquent pas. Seules les vipères sont dangereuses, mais est-ce qu'elles piquent avec leur langue, ou bien elles mordent, César croit savoir qu'elles mordent, et alors pourquoi on dit « langue de vipère » quand une fille dit du mal ? On ne dit pas ça quand c'est un garçon qui dit du mal. En tout cas Kelly, elle, ne dit jamais du mal, elle est gentille et blonde, on dirait un ange.

Mais est-ce que les filles ont un zizi ? Question importante. Après réflexion César croit savoir la réponse, parce qu'il a entendu des filles parler, et il se souvient qu'à la maternelle il a vu des filles qui allaient faire pipi, elles ont une foufoune, c'est pas du tout pareil. Et alors on dit *une vipère*, c'est parce que les vipères sont toutes des filles ? Non, il doit y avoir des vipères garçons, sinon comment elles feraient des bébés vipères... Donc, vipère c'est seulement un animal qui est garçon ou fille, et ça n'a rien à voir avec l'anatomie des humains. Rien du tout.

Il a dessiné une prairie avec de l'herbe et un seul arbre mais très grand et bien droit. L'herbe, il a mis beaucoup de temps à la dessiner, en silence, parce qu'il a soigneusement représenté chaque brin d'herbe sur toute la feuille ou presque. C'était un dessin où César s'appliquait beaucoup, il faisait très attention. Juste sous l'arbre, il y avait un terrier. Un trou bien rond, noir et sale, avec « comme de la boue » autour. Quel était l'animal dans le terrier ? Qu'est-ce qui allait sortir du trou ? Qu'est-ce qui peut sortir d'un trou comme ça ? Peut-être une vipère qui mordra ?

Il a dessiné la tête d'une vipère qui sortait du trou avec une grosse bouche pleine de dents. Puis, un petit, tout petit lapin qui se sauvait devant la vipère. La vipère rampait très vite pour l'attraper. Mais le lapin, il donnait un coup de pied à la vipère, et elle était KO. Après le petit lapin allait voir son papa lapin pour lui raconter son exploit et le papa lapin était très fier de son fils. Réflexion faite, après le trou restait vide : il n'y avait rien dedans. Plus tard une souris blanche en ferait son terrier pour ses petits.

Un jour, César a dit : « Je ne veux pas dessiner. » Il voulait seulement parler. Pour dire : « Je dors bien, le serpent est parti. » Est-ce que cela signifiait que César n'avait plus besoin d'être aidé, plus besoin de rencontres avec moi ?

– Oui. Mais plus tard, quand je serai grand, je serai joueur de boules et pêcheur et aussi psychologue pour les enfants.

– Merci, César. Est-ce que je peux garder les dessins ?

– Bien sûr, ils sont pour toi.

On s'est solennellement serré la main. Entre

hommes. Ce jour-là, César portait un survêtement de marque et des chaussures de sport.

En regardant partir César, je me suis dit que j'avais tous les diplômes requis selon la loi pour me déclarer psychologue. Mais c'était lui qui venait de faire de moi un psy. Et que je n'avais pas du tout le sentiment d'avoir « soigné » un « malade » ; je n'y avais même pas pensé. S'éloignait un enfant qui avait, un moment, été bloqué sur son trajet, sa ligne de fuite, son devenir singulier.

Bon. J'ai presque terminé.

Il me reste à vous dire que, pendant tout ce travail de dessins réalisés par César en ma compagnie, l'institutrice devait s'impatienter un peu. Je suppose cela parce qu'elle avait fait venir le médecin scolaire sans m'en informer ; lequel n'avait sans doute pas examiné César, sinon je pense que l'enfant m'en aurait parlé.

Mais le médecin avait donné son avis et demandé à rencontrer la maman. C'est ainsi qu'une saisine de la commission est parvenue au secrétariat, aux fins d'orienter cet enfant vers un institut de rééducation, internat spécialisé pour les élèves qui présentent des troubles de la personnalité ; parallèlement, l'école a procédé à une autre saisine, cette fois en direction de la « cellule de signalements » de l'inspection académique, laquelle, je pense, transmettra au substitut du procureur, qui saisira sans doute les services sociaux pour une enquête.

De ces faits je déduis que le médecin a diagnostiqué sans doute une relation pathologique de la mère à son enfant, ou peut-être même une grave maladie mentale chez la mère, et que le but de ces deux saisines « parallèles » est de séparer la mère du fils en plaçant César en internat et en obligeant la mère à accepter la séparation par la menace d'un juge. L'efficacité de ce médecin scolaire est légendaire ; il nous a habitués à ne pas faire les choses à moitié ; et puis quand on possède du pouvoir, ne serait-ce qu'un tout petit, il ne faut pas hésiter à l'exercer. Je déduis ces projets médicaux aussi de ce que m'a dit l'institutrice :

– Vous comprenez, comme vous ne me disiez rien, moi j'ai agi ; et j'ai bien fait parce que le médecin a bien vu ! Cette mère est une grande paranoïaque, elle est dangereuse. D'ailleurs on a bien entendu les cris lorsque le médecin et elle ont parlé dans le bureau !

Je n'ai pas commenté tout cela. Mais j'ai demandé si l'institutrice avait remarqué un changement chez l'enfant dans la classe et par rapport aux apprentissages scolaires depuis quelque temps. L'enseignante a semblé hésiter. Puis elle a dit que oui, peut-être un peu en effet. J'ai insisté : pouvait-elle préciser ce qu'elle avait noté ? Elle avait le regard fuyant. Mais elle avait noté une chose, c'est que le garçon ne parlait plus tout seul et qu'il levait maintenant la main pour répondre quand elle interrogeait la classe ; bon, toutes les réponses n'étaient pas justes, loin de là, mais c'était nouveau.

Malgré son malaise évident, j'ai encore insisté : et c'était tout ? Non, ses cahiers commençaient à se remplir, il écrivait dedans, avec des ratures, mais beaucoup plus qu'avant. Elle a retrouvé de l'aplomb : mais elle ne pouvait se fier à ce petit changement certainement temporaire, car rien ne lui garantissait que l'ancien comportement ne reviendrait pas. Et selon son expérience, il restait exceptionnel qu'un enfant comme César puisse évoluer positivement et durablement. Et puis le médecin l'avait bien dit : cette mère était folle ! Justement, cette mère folle venait-elle toujours autant l'importuner ?

L'institutrice est devenue toute rouge, comme une fillette prise en faute. Car j'avais bien souvenir de ce qu'elle avait affirmé à propos de la mère de César : une femme remarquable ! L'enseignante a reconnu, sur le ton de quelqu'un qui avoue avec réticence, qu'elle avait assisté à une scène étrange quelques jours plus tôt : César demandant à sa mère d'une voix douce mais ferme de ne pas pénétrer dans l'école. Il aurait dit :

– Maman, je t'assure, tout va bien. Je suis assez grand maintenant. Rentre à la maison.

La mère avait-elle obtempéré ? Eh bien oui, elle avait tourné les talons. J'avais envie de remercier cette femme, mais elle aurait sans doute mal compris ma satisfaction.

12.

Je vous ai donc écrit cette longue lettre, Monsieur le Ministre, pour que vous sachiez ; au moment où Monsieur l'Inspecteur décidera, si oui ou non, le dossier de ce « cas » doit être confié à la commission départementale en vue de la recherche d'un internat, sans doute n'aura-t-il pas en tête les éléments que je viens de vous communiquer. Il ne veut pas les connaître. Je n'ai pas à les lui fournir.

Je vous laisse juge, comme on dit. Moi, je jouerai mon rôle habituel de policier institutionnel. Il aura de moi le discours convenu, et mon embarras sera grand devant ce cas compliqué.

Réflexion faite, cette lettre, je vous l'enverrai « ouverte ». Je viens de prendre cette décision en relisant les dernières lignes. Ce que je suis devenu, au plan professionnel, ce que je sais maintenant, l'évolution que j'ai suivie s'écartent beaucoup trop de ce qu'une institution comme la nôtre attend de moi. Est-il possible que je me pose trop de questions ?

Voyez-vous, j'ai pris un curieux chemin qui m'a amené à la rencontre des questions déontologiques, des questions d'éthique. Celles qui sont subversives dans une institution, n'importe laquelle.

Je pense – mais sur ce point j'hésite – que je vais continuer à rencontrer des enfants qui, s'ils le peuvent, s'ils le veulent, trouveront en moi un adulte qui peut les aider à faire un petit pas vers un peu de liberté intérieure. La liberté n'est jamais un état, c'est un devenir.

Ce texte, je le montrerai d'abord à quelques-uns des gens qui exercent le même métier que moi ; ce serait délicieux qu'il circule aussi « sous le manteau », comme aux temps de la censure, qu'on finirait presque par regretter à notre époque molle et sans pensée radicale.

C'est vrai que je pourrais aller exercer mes talents ailleurs. Mais je ne sais pas très bien où. Notre société semble vouloir obstinément éliminer les troubles psychologiques, la dimension psychique des relations et conflits, au profit d'une médicalisation simplificatrice et inquiétante.

Nous devenons tous des machines, des moteurs, des ordinateurs qui n'ont besoin que du spécialiste, du technicien efficace, du réparateur compétent. On amène son enfant au centre médico-psychologique comme on porte son automobile chez le mécanicien : il faut faire vite, et trouver la panne.

Nos institutions actuelles, et surtout l'école, n'ont plus besoin de psychologues pour renforcer un discours définissant ce qu'est la réalité ; leur pouvoir est, croient-elles, assuré. Elles pensent avoir réussi à faire plier tout le monde et à ce que chacun intègre parfaitement ce qu'il doit croire.

Nos institutions, qu'elles soient à vocation sociale, de santé ou d'éducation, qui se prétendent pour la plupart des « services publics » maltraitent à l'évidence les plus fragiles et les plus démunis d'entre nous ; elles vont accentuer leur pouvoir présenté comme un savoir dans les prochaines années.

Toutes ces histoires d'enfants et de familles, que j'ai choisies parmi beaucoup d'autres, montrent que les institutions ont d'abord pour objectif de se maintenir, elles, intactes, immobiles.

Les psys passent à la télé, se font entendre à la radio, jouent les bouffons ou bien répondent à des questions convenues par des discours convenus. On sait d'avance ce qu'ils vont dire ; et ils le disent. La consultation psychologique est devenue un cadre de consommation comme les autres.

Il est, de nos jours, question d'une perte de crédibilité de la psychanalyse ; il n'y aurait plus de candidats pour une cure de dix ans à raison de trois consultations par semaine. Trop long, trop cher, pas assez sûr au plan de l'efficacité. L'homme de nos sociétés démocratiques et capitalistes aurait évolué ; disparu, le névrosé, sujet produit par des familles soumises aux lois de l'Œdipe ; disparu, le sujet kantien autonome dans ses jugements, mais soumis à l'impératif catégorique, lequel ressemble au surmoi freudien comme un père à son fils. Disparus comme des dinosaures.

L'individu serait devenu connecté, adaptable, souple, et toute transcendance lui serait indifférente ; il se trouverait au joint des flux d'énergie puissants, qui circulent d'un bout à l'autre de la planète à grande vitesse. Plus de tiers symbolique de référence. L'avenir dira si c'est vrai.

Mais dans le même temps, on voit de nouveau la vieille misère des réglementations et législations venir examiner la psychanalyse sous son nez avec un air chafouin autant que méfiant : il est question de donner un cadre légal à la psychothérapie.

Les psychanalystes s'affolent ; ils vont rencontrer le ministre qui les rassure aussitôt : vous n'êtes pas concernés. Ce sont les gourous que nous visons, ainsi que leurs sectes. On dirait un gros chat dodu qui dit aux souris qu'elles ne risquent rien, parce qu'il est repu et qu'il préfère le poisson.

Je crois que la psychanalyse vivante est celle qui a toujours refusé l'institution et ses règles ; c'est « sauvage » que je l'aime, personnellement. Je ne veux pas dire que n'importe qui peut se déclarer psychanalyste, bien au contraire. Je veux dire que je l'aime audacieuse, provocatrice, rusée, attirée par l'exploration, prête à abandonner ses certitudes. Tentée de se faire respectable, bourgeoise et reconnue par l'État, elle perd le plus authentique.

Qui l'a inventée ? Freud, bien sûr. Le lendemain du rêve de l'« injection faite à Irma », très précisément : le 24 juillet 1895.

Je crois que ce sont aussi les hystériques, en lutte contre le pouvoir des psychiatres et des neurologues de leur époque, qui en sont les mères, discrètes, mais habiles. Il leur fallait trouver une vraie maladie, qui dise leur souffrance, mais qui ne soit pas organique, sans pour autant les faire passer pour des simulatrices. Ce n'était pas si simple.

Les neurologues ne demandaient pas au patient où il avait mal ; ils lui donnaient des ordres : faites ceci, faites cela, et, en fonction de son obéissance, déterminaient avec habileté si le patient, qui ne parlait pas, souffrait d'une authentique aphasie organique ou bien était un tricheur, un tire-au-flanc qui jouait au mutique. C'est l'observation des corps qui servait de méthode. Le malade-objet était examiné.

Les psychiatres, nommés alors aliénistes,

tenaient eux des propos effarants : le fou n'était qu'un orgueilleux obstiné qui ne voulait pas reconnaître son erreur ; sa guérison commençait lorsqu'il admettait la réalité, réalité représentée en la personne du médecin et de son discours. Pas question d'écouter le malade, ici non plus, mais de corriger son jugement têtu, si besoin en le punissant sévèrement, en l'humiliant, en le traitant avec brutalité : c'était pour son bien.

Comment l'hystérique pouvait-elle dire sa souffrance, entre les fourches caudines de tels hommes de pouvoir ? Car, dans un cas plus que dans l'autre, mais dans les deux, c'est bel et bien de pouvoir qu'il s'agissait. Il n'existait qu'une voie possible : donner à voir le corps comme lieu d'expression, sans pour autant être prise pour une comédienne. Le chemin était raide, l'équilibre précaire. Puis une fois reconnue comme « patiente », l'hystérique a inventé la *talking cure*, la cure par la parole. Freud n'a fait que reprendre le terme d'une hystérique très intelligente : « Arrête de me regarder, écoute-moi. Écoute ce que je dis, c'est dans les mots que le sens des maux se tient caché. »

C'est que le fond du problème était intime, dissimulé à celle-là même qui parlait. C'était son désir de femme dans un monde de pouvoir phallocrate dont en vérité il était question. Impossible d'institutionnaliser une chose pareille ! C'est ainsi que Michel Foucault salue en ces hystériques les premières militantes de l'antipsychiatrie.

Je vais vous choquer, mais au point où j'en suis... Savez-vous que les enfants, Monsieur le Ministre, emploient depuis longtemps une stratégie très proche de celle des hystériques ? Ils ne peuvent pas ne pas remarquer que si leur corps est malade, alors on les écoute un peu, on les prend au sérieux. C'est par le corps qu'ils expriment les questions difficiles qui concernent leur identité, et aussi leur sexualité, ce que cela signifie d'avoir un pénis ou de ne pas en avoir. Ils construisent alors un beau symptôme : l'énurésie, par exemple.

Il faut, de ce parallèle, tirer les mêmes conclusions : c'est parce qu'ils sont écrasés par un pouvoir insupportable, une aliénation sans issue, concernant leur désir, leur devenir, les possibles infinis qu'ils devraient voir s'ouvrir devant eux, qu'ils entrent, comme les hystériques, en résistance par un symptôme dans lequel ils se réfugient et qui, telle une forteresse, les met à l'abri, en attendant mieux.

Figurez-vous ceci : c'est très intelligent, un symptôme. Même et surtout ceux que les institutions veulent réduire et supprimer pour rendre le sujet enfin normal. Ce que les enfants ne parviennent pas à dire, parce que c'est trop difficile à dire et que personne ne veut l'entendre, ils le mettent en jeu dans la relation et ils l'expriment, dans la famille, au niveau du corps. C'est finalement assez simple : leur corps peut signifier que ça ne va pas sur trois terrains vite conflictuels pour l'autre : le sommeil, le repas et la propreté. Lorsqu'ils entrent à l'école, le champ de l'échec scolaire, si vaste, où les symptômes possibles sont si variés, devient un terrain de choix.

Il y a les phobies, comme celle de César. C'est, on l'a vu, très élaboré. C'est symbolique, dans la majorité des cas de façon évidente. Sa famille ignore le plus souvent qu'un enfant souffre d'une phobie, il n'en parle pas ou peu. On sait qu'il a des peurs. Cela passera. Il faut affronter ta peur, dit-on à l'enfant. Mais cela a des conséquences sur sa vie quotidienne, sur ses apprentissages, sur sa prise d'autonomie. Cela permet de poser problème dans l'institution familiale, mais aussi de franchir la passerelle en portant sa phobie sur son dos, vers les institutions sociales et l'école.

Et là encore, les institutions actuelles refusent de prendre en compte le problème. Car il est d'ordre sexuel, eh oui, la phobie est toujours une question sur l'identité sexuelle et le désir. Alors on médicalise, on simplifie, on médicamente, on refuse d'entendre la question. Donc l'enfant est plus ou moins sournoisement maltraité, mais sans que cela soit manifeste.

Il est, semble-t-il, impossible de faire comprendre aux adultes que les enfants ne sont pas des objets fétiches, qui ne seraient là que pour donner tout son sens à la vie... des adultes.

J'ai vraiment le sentiment, après avoir entendu de nombreux enfants me dire le poids des responsabilités et des attentes de leurs adultes, que la fonction de l'enfant dans les familles est devenue terrible : ils sont les thérapeutes de leurs parents et doivent protéger les grands de la dépression chronique dans laquelle ces derniers sont tellement installés qu'ils vivent avec sans y penser.

Les enfants le savent très bien, eux. Ils se font beaucoup de soucis pour leurs parents. Il suffit d'offrir à un enfant le cadre étanche d'un entretien libre, dans lequel il a la garantie que ses propos ne seront pas répétés, pour comprendre qu'il se sent aliéné : ce qu'on attend de lui est trop lourd à porter. Il s'inquiète pour ses parents, mais c'est au détriment de ses soucis à lui, des questions qu'il doit se poser.

Alors certains résistent.

Les adultes ont transformé l'institution scolaire en lieu protégé, où ils ont enfermé, telle la Belle au bois dormant, une idée illusoire de l'enfance. Ils l'entretiennent à n'importe quel prix.

J'exagère ? C'est vrai : les institutions sont capables de faire preuve de modernité ; on aborde maintenant la sexualité avec les adolescents. Mais c'est un médecin qui l'aborde, et d'abord à cause des risques de maladies.

Pas question que le jeune découvre, ne serait-ce qu'en parlant librement, sa sexualité :

on lui enseigne là aussi comment exprimer une sexualité *normale*. Pas question de laisser aller cette affaire, trop de dangers. Et nous serons d'autant plus impitoyables avec ceux qui font tache dans ce décor à la Disney.

Je croyais, il y a longtemps, qu'une institution d'éducation avait pour mission de conduire les enfants, lentement et progressivement, par le goût de la culture, vers les écrivains et les artistes, les scientifiques et les penseurs qui leur ouvriraient les portes de la liberté intérieure, leur donneraient accès à la pensée créative et autonome.

Les institutions se protègent d'abord, pour protéger cette normalité, cet humain qu'elles continuent de produire malgré les changements et les évolutions, cet humain normal, moyen, repère nécessaire, croient-elles.

Et leurs personnels participent activement de ce dessein conservateur, quand il n'est pas carrément réactionnaire. Immobilisme est souvent leur devise. C'est sans doute ce qui explique en grande partie les réactions solidaires des personnels lorsque l'un d'entre eux est l'objet de critiques ; avant de savoir si elles sont justifiées, tout le monde fait corps autour du collègue menacé, et sa hiérarchie aussi.

C'est à croire que la raison profonde qui a conduit la plupart des gens à entrer dans l'école ou à ne jamais en sortir, c'est la recherche de la sécurité, la frilosité, la peur de la vie et des autres ; certains de ces enseignants, qui n'ont rien fait d'autre dans leur vie que d'aller à l'école chaque matin, me semblent actuellement bien intolérants à l'égard de l'autre et de tout signe d'altérité. Ils jugent vite et condamnent aussitôt.

Il paraît que l'institution ne les « reconnaît pas assez » et ne valorise pas leur travail ; c'est là ce qui expliquerait leurs aigres commentaires.

Je crois moi, pour les avoir écoutés attentivement, que c'est là aussi un excellent motif qui les maintient au chaud dans le sein institutionnel ; je veux dire que demander à l'institution souveraine de les reconnaître, et passer leur vie à cela, c'est justement ce qui les retient et ce qu'au fond ils ont voulu. S'il advenait qu'un beau jour l'un d'entre eux soit invité à une cérémonie qui le désignerait comme un professionnel exceptionnel, une belle cérémonie avec décoration et discours, ce serait pour lui une catastrophe ; passé le moment d'exaltation, le pauvre hère plongerait dans une profonde dépression dont plus jamais il ne sortirait.

Mais je fais partie de ces personnels ; je me décris moi aussi à travers ces critiques. Avec le retour inéluctable des rentrées de septembre ; ce flot d'enfants toujours renouvelé à l'identique ; ces programmes immuables affichés aux murs des classes, où il est inscrit qu'on étudiera la soustraction en novembre et le participe passé en janvier ; ces journées bien découpées, ces semaines qui se répètent et qui rassurent, puisqu'il est toujours possible de tout prévoir, que rien ne peut survenir qui ne soit maîtrisé, l'école est au fond un lieu où le temps ne passe pas. Un lieu d'où le désir est exclu.

Le temps y est devenu comme une boucle qui recommence à l'infini.

Alors il est possible de croire que la vie, avec ses dangers et la mort au bout, commencera plus tard, et de toujours reculer sa rencontre et l'engagement à demain.

L'école produit des névrosés, des obsessionnels, dont certains resteront dans son enclos.

Notre société, capitaliste, mondialisée, libérale, a-t-elle besoin de névrosés, frileux et rigides ?

Hors de l'école, le temps s'accélère, c'est une évidence. Je ne sais pas si la psychanalyse est en voie de disparition, mais j'ai bien peur que l'école soit déjà entrée en agonie, parce qu'elle s'est rigidifiée au lieu de subvertir.

Là aussi peut-être faut-il résister.

13.

Vous voyez : j'ai mis du temps à comprendre que la principale source des difficultés scolaires des enfants, c'est l'école. Mais maintenant, j'ai compris.

À bien réfléchir je crois que je vais rester ; pour aider des enfants, il faut se trouver là où ils sont. Je souhaite conserver encore un moment cette lucidité récente, pour m'ouvrir à une perspective nouvelle, un regard porté à partir d'un nouveau point de vue. Où se situe-t-il ? Je ne sais pas. Je vais y travailler.

J'ai une petite idée : devenir psychologue pour les pauvres. Quand j'entends les stars de la psychanalyse parler dans les médias, reconnaître, du bout d'une ironie condescendante, que le traitement de la « souffrance » psychique n'est pas une question de règlement et de diplômes, tenir des discours magnifiques sur la difficulté de leur tâche... à, parfois, plus de cent euros la séance, je me dis que je ne ferai jamais le même métier qu'eux. Quand je vois mes collègues, psychologues dans les écoles mais aussi dans certains centres de banlieue, qui rament tous les jours pour questionner leur fonction, je me dis que je resterai de leur côté. Mais je ne travaillerai pas seulement à l'école.

J'ai reçu, chez moi, dans mon bureau, Marinette. Elle est sortie du collège il y a quinze ans sans aucun diplôme, et elle a perdu depuis l'habitude de lire. Mais elle sait compter parfaitement.

Elle est mère d'une famille de trois enfants de cinq à douze ans. Son mari est parti avec une autre. Marinette le comprend : elle est handicapée physique de naissance et présente une toute petite jambe gauche qu'elle ne cherche pas à dissimuler. Elle le comprend aussi parce que ce n'est pas drôle de vivre avec une femme toujours déprimée.

Elle vient me voir. Elle est tentée par le suicide depuis quelques mois ; son père est mort rapidement d'un cancer un an plus tôt. Elle n'est pas allée à l'enterrement. Elle a peur de ce père : elle le voit partout dès que la lumière baisse ; et la nuit, terrorisée, elle ne parvient pas à dormir comme il faudrait : il va apparaître à la porte de la chambre.

Toute son enfance et son adolescence, elle a été maltraitée, battue, humiliée, torturée, abusée sexuellement par ce père. Toute la famille savait et n'a jamais rien dit. C'étaient des pauvres, des incultes, des déficients, des... ce que vous voudrez.

Et maintenant qu'il est mort, ça continue, dit-elle. Pourquoi ? Aidez-moi.

Je vais offrir un cadre de « travail » à Marinette, un cadre où elle dira ce qu'elle voudra, quand elle le voudra, comme elle pourra. Elle viendra se taire si elle veut. Je serai là, ce n'est pas si difficile. Marinette n'a jamais lu un seul bouquin de psychologie, encore moins de psychanalyse ; et pourtant c'est elle qui m'a dit, alors que nous parlions du paiement des séances et que, sachant ses revenus, j'allais lui donner un tarif très « symbolique » : « Je tiens à vous payer, monsieur ; parce que sinon je ne parviendrai plus jamais à me débarrasser de vous. »

Voyez comme ils peuvent se montrer intelligents, « ces gens-là ».

Mon premier psychanalyste était à peine plus âgé que moi, et comme un peu trop attentif à paraître analyste ; la « cure » a peu duré, mais je garde un sentiment de tendresse amusée pour lui. Ma deuxième analyste était une très belle femme, élégante et racée. Elle écoutait peu et parlait beaucoup, enfin pour une analyste. Elle cherchait surtout à me convaincre de la valeur d'un certain nombre d'idées à elle. Elle n'aimait pas que je la contredise. Elle usait volontiers de termes du jargon indispensable. Après l'avoir quittée, j'ai pensé aux femmes savantes de Molière.

Le troisième était un petit homme plus âgé, maigre, au poil noir, aux yeux sombres. Il me paraissait physiquement fragile. C'était lui, l'analyste, je l'ai su tout de suite. Nous avons eu des séances entièrement silencieuses, d'autres plus animées ; certaines où il intervenait, d'autres où je parlais seul. J'ai souffert, j'ai avancé par crises, puis par des périodes longues d'ennui. Il n'a jamais quitté la place de l'analyste. J'ai souvent eu le sentiment de ma solitude, qui, à mesure que les séances s'ajoutaient aux séances, s'est renforcé ; mais c'était une curieuse solitude : une solitude à deux, une solitude pleinement vécue dans laquelle je le savais là, présent, non loin.

Même aux cours des séances durant lesquelles je suis resté silencieux, il écoutait.

Jamais aucune présence n'a été aussi réelle.

C'est peut-être le secret de la transmission.

REMERCIEMENTS

L'auteur adresse ses remerciements à O. Grignon pour son précieux soutien, ainsi qu'à Nanon Olivotti.

Composition IGS
Impression Bussière en août 2005
Editions Albin Michel
22, rue Huyghens, 75014 Paris
www.albin-michel.fr
ISBN 2-226-15716-6
N° d'édition : 22994. – N° d'impression : 052921/4.
Dépôt légal : septembre 2005.
Imprimé en France.